QUEDA LIVRE

QUEDA LIVRE

A história de Glaidson e Mirelis,
faraós dos bitcoins

Chico Otavio
Isabela Palmeira

HISTÓRIA REAL

© 2024 Chico Otavio e Isabela Palmeira

PREPARAÇÃO
Andréia Amaral

REVISÃO
Laiane Flores
Eduardo Carneiro

DIAGRAMAÇÃO
Equatorium Design

DESIGN DA CAPA
Elisa Von Randow

CIP-BRASIL. CATALOGAÇÃO NA PUBLICAÇÃO
SINDICADO NACIONAL DOS EDITORES DE LIVROS, RJ

O96q

Otavio, Chico, 1962-
    Queda livre : a história de Glaidson e Mirelis, faraós dos bitcoins / Chico Otavio, Isabela Palmeira. - 1. ed. - Rio de Janeiro : História Real, 2024.

    208 p. ; 21 cm.
    ISBN 978-65-87518-46-6

    1. Santos, Glaidson Acácio dos. 2. Zerpa, Mirelis Yoseline Diaz. 3. Bitcoin. 4.Transferência eletrônica de fundos. 5. Chantagistas e chantagens. 6. Crime comercial – Investigação. I. Palmeira, Isabela. II. Título.

24-88571
    CDD: 364.163
    CDU: 343.53

Meri Gleice Rodrigues de Souza - Bibliotecária - CRB-7/6439
20/02/2024 26/02/2024

[2024]
Todos os direitos desta edição reservados a
História Real, um selo da Editora Intrínseca Ltda.
Av. das Américas, 500 – Bl. 12
Sala 303 – Barra da Tijuca
CEP: 22640-100
Rio de Janeiro – RJ
Tel./Fax: (21) 3206-7400
www.historiareal.intrinseca.com.br

Sumário

1. A queda 7
2. O lado A e o lado B do "Índio" 17
3. Glaidson e Mirelis no Reino de Deus 27
4. A arquitetura do golpe 35
5. Um vulcão chamado Mirelis 55
6. Operação Kryptos 65
7. Os apóstolos e a missão GAS 83
8. O braço armado 119
9. "A gente entrega a Satanás" 133
10. Eu investi 145
11. A escola Madoff 157
12. "Me tirem daqui" 175
13. "Quer saber como me sinto, calce meus sapatos" 199
Nota final 207

1. A QUEDA

A correria no saguão do Barceló Bávaro Palace dava o tom do que seria o grande encontro da GAS Consultoria e Tecnologia. Os quinhentos convidados da festa, muitos de origem humilde, mal disfarçavam o deslumbramento ao chegar a um dos mais luxuosos resorts de Punta Cana, paraíso azul-turquesa da República Dominicana. Desceram de dois voos fretados pela GAS, nos dias 24 e 25 de agosto de 2021, para o lançamento do programa de *compliance* da empresa — ou seja, quais regras seriam seguidas a partir dali para garantir que os negócios estivessem de acordo com a legislação, sem atos ilícitos. Com isso, Glaidson Acácio dos Santos queria conferir mais legitimidade à empresa e dar uma resposta às pressões de parte dos sócios. Muitos deles não aceitavam o extremo descuido nas práticas gerenciais do grupo, com a contabilidade de milhões de reais praticamente anotada em papel de embrulhar peixe e comprovantes enviados aos clientes por WhatsApp.

No Rio de Janeiro, o anfitrião do evento atravessava a noite em boates na Barra da Tijuca, Zona Oeste da cidade, bairro onde estava hospedado na casa de uma amiga. O CEO seria a ausência da festa. Com o passaporte retido para a emissão de visto no consulado americano no Rio, Glaidson não pôde embarcar para a ilha caribenha. Na volta da noitada, exausto, se jogou na cama, de blusa de malha e cueca. Maços de notas de real, dólar, euro e barras de ouro se espalhavam pela casa. Ele caiu no sono com a convicção de que, em pouco tempo, seria um *player* do mercado, capaz de fazer frente aos bancos tradicionais. A favor dele, estava a fé inabalável da clientela, cerca de 89 mil pessoas,[1] que viam nas criptomoedas da GAS, sem entender nada do novo negócio, a redenção econômica de cada uma delas, um atalho fácil para a prosperidade.

"Perdeu, filho da puta!", gritavam os agentes da Polícia Federal (PF), às seis horas da manhã de quarta-feira, 26 de agosto, no quarto onde Glaidson, o Faraó dos Bitcoins, dormia. "Perdeu, perdeu", insistiam os homens, puxando o lençol da cama. Ele deu um salto e demorou alguns segundos até entender que aquilo não era um pesadelo. Os homens de farda camuflada, armados com submetralhadoras e pistolas, eram agentes do Comando de Operações Táticas da Polícia Federal (COT), braço da elite da PF chamado para casos difíceis. Estavam ali para levá-lo preso na deflagração da Operação Kryp-

---

1. Número extraído do cadastro de credores, organizado pelo Escritório de Advocacia Zveiter.

tos. As lágrimas desciam pelo rosto enquanto o Faraó ouvia uma representante do Ministério Público Federal (MPF) explicar a decisão judicial. Ele não podia aceitar que terminava assim, com um xingamento banal, a vida de milionário.

Para as autoridades brasileiras, Glaidson tentava obter o visto americano porque estava na iminência de fugir e deixar um rombo financeiro em um dos maiores esquemas de pirâmide já vistos no Brasil. Por isso, a PF pediu ao consulado dos Estados Unidos para reter o passaporte dele. A voz de prisão era o fim da euforia, movida a dinheiro fácil e ambição, e o início de um tempo de perdas, dor e incertezas. Naquela mesma manhã, a PF cumpriu ainda nove mandados de prisão e quinze de busca e apreensão no Rio, em São Paulo, no Ceará e no Distrito Federal. Na casa da anfitriã do Faraó, a contadora Rejane Nogueira Laport, os agentes encontraram 20 milhões de reais em espécie, barras de ouro, joias e carros de luxo.

Junto a alguns rolos de dinheiro apreendidos estavam os nomes dos clientes e as datas dos aportes. Havia rolos com data de 2019. As notas eram mais uma prova de que a jogada do Faraó era esconder por trás do inovador investimento em criptomoedas um esquema clássico de pirâmide financeira. Esses maços jamais viraram bitcoins, contrariando o que ele assegurava aos investidores. Ao oferecer a garantia de juros mensais de 10%, pagos sempre em dia, ele nada mais fazia do que usar o dinheiro que entrava para cobrir os compromissos com os primeiros clientes da fila.

Para dar ao golpe uma aparência de seriedade, sempre caprichando na linguagem rebuscada, Glaidson teve a ajuda fundamental da mulher, a venezuelana Mirelis Yoseline Diaz

Zerpa. Hábil com números e com a tecnologia *blockchain*,[2] Mirelis foi apontada por muitos como a verdadeira mentora do esquema. As investigações mostraram que, anos antes, ela havia aplicado o mesmo golpe em seu país de origem, de onde fugiu para escapar dos bolivarianos.

Por operar à revelia da Comissão de Valores Mobiliários (CVM), Glaidson foi acusado de crimes contra o sistema financeiro nacional, de organização criminosa e de lavagem de dinheiro. De acordo com a denúncia, ele e outras dezesseis pessoas eram responsáveis pela montagem, em Cabo Frio, na Região dos Lagos fluminense, de um esquema que movimentou 38 bilhões de reais entre 2015 e 2021 — dos quais, apenas 200 milhões de reais foram apreendidos. Do restante, é sabido apenas que Mirelis desapareceu após sacar 1 bilhão de reais em bitcoins no dia seguinte ao das prisões.

Com a notícia da prisão, a "família GAS" começou a desmoronar. Investidores famosos, como o ator Rafael Portugal,[3] do canal humorístico *Porta dos Fundos*, além de amargar o prejuízo, tiveram de dar explicações públicas. Na base da pirâmide, onde estavam os clientes mais humildes, o choque

---

2. *Blockchain* é um conjunto de dados organizados em blocos interligados em uma cadeia, funcionando como uma espécie de livro-razão compartilhado. Por meio dessa tecnologia, nenhum indivíduo — ou nenhuma organização — exerce controle individual sobre o conteúdo da cadeia, que é coletivo, o que traz mais segurança e transferência para essas operações.

3. O humorista Rafael Portugal fez uma postagem nas redes sociais, no dia 22 de outubro de 2021, para dizer que não foi lesado pela GAS Consultoria Bitcoin: "Não perdi, não fui lesado em nenhum momento e tudo será esclarecido", escreveu. Contudo, até aquela data, o ator e a esposa haviam conseguido apenas o arresto judicial de 1,4 milhão de reais, sem que tivessem recebido o ressarcimento.

foi maior. A lojista Érica da Silva Pereira, de 40 anos à época, assistia à TV na cozinha, na periferia de São Pedro da Aldeia, município vizinho de Cabo Frio, quando o apresentador do *Bom Dia Brasil*, da Rede Globo, anunciou a prisão, a suspensão do negócio e o bloqueio dos bens da organização criminosa. Ela sentiu o corpo gelar. Ao investir toda a economia da família nos bitcoins do Faraó, Érica sonhava em não trabalhar mais como comerciária e viver de renda. Havia acabado de contratar um plano de saúde para passar por uma cirurgia de retirada de um nódulo na tireoide e fugir da fila do SUS.

De um lado, pagamentos dos juros sempre em dia, a vida suntuosa de Glaidson. Do outro, a falta de perspectivas profissionais em São Pedro, a doença na tireoide, os dois filhos para criar. Todos os motivos explicariam a aposta de Érica no esquema do Faraó. No entanto, ela própria confessou o que mais pesou: "Foi uma colega de trabalho. Ela entrou bem antes. Acompanhei as mudanças. Ela passou a desfilar de carrão, a usar as melhores roupas, perfumes importados, a ir a restaurantes chiques, a comer comida japonesa e a fazer viagens. Muitas viagens. Se aconteceu com ela, podia acontecer comigo também. Então, fiz o meu primeiro aporte."

Esse olhar para a colega do lado, que arrastou Érica para o efeito manada, é o campo de estudos da psicanalista Vera Rita de Mello Ferreira. Presidente da Associação Internacional de Pesquisa em Psicologia da Economia (Iarep, na sigla em inglês), ela explica que, em geral, o ser humano padece de otimismo excessivo e não enxerga risco futuro. "É o 'tudo, tudo vai dar certo'", diz. Uma autoconfiança exagerada faz com que a pessoa consiga enxergar risco, mas sobretudo para os outros. Mesmo que exista a consciência de que se trata de um esquema de pirâmide, por exemplo, ela se convence de que vai entrar e sair rapidamente. "A pessoa teme ficar de fora. Odeia perder qualquer coisa, incluindo oportunidade. Está tomada pela euforia."

O funcionário público João Duarte[4] também se deixou seduzir pelo súbito enriquecimento dos amigos. Ele havia migrado de cliente para consultor da empresa e tinha se saído tão bem com a conquista de novos contratos que estava entre os convidados no resort, em Punta Cana, para o lançamento do programa de compliance. Duarte já havia separado no cabide o traje que usaria à noite, no jantar de gala na abertura do evento. Um dia após o check-in, contudo, soube da prisão de Glaidson. Hoje ele se lembra de que os celulares começaram a soar em todos os cantos do hotel. Do Brasil, clientes desesperados cobravam dos consultores da GAS garantias de que teriam o dinheiro de volta.

Era bastante irônico que a prisão do CEO da GAS acontecesse durante o suntuoso evento de lançamento daquele programa. E, à ironia, logo somou-se o pânico diante da perspectiva de outras prisões. Os voos panorâmicos em Punta Cana sempre foram uma das atrações para que os turistas desfrutassem a vista das águas azul-turquesa do oceano e das densas florestas tropicais da região. Contudo, naquele 26 de agosto a presença de helicópteros que sobrevoavam o resort causava aversão e desespero. "A polícia está chegando", alarmavam uns. "É a TV Globo que

---

4. Nome fictício para preservar a identidade, a pedido da fonte.

veio nos filmar!", exclamavam outros. Os mais influentes e sócios que ali estavam logo se tornaram inacessíveis, trancados nos quartos sem mostrar a cara para uma multidão afoita por informações e garantias.

Muitos temiam voltar ao Brasil pelo risco de prisão logo no desembarque. Sem condições de permanecer por conta própria, os consultores e as respectivas famílias tiveram de embarcar em voos fretados nos dias 4 e 5 de setembro. Eles garantem que, para escapar da Justiça brasileira, um grupo de indiciados no inquérito permaneceu em solo dominicano, onde teria alugado uma casa.

"Eram muitos sócios, mas a maioria não estava nem aí. Qualquer pessoa poderia ser consultor da GAS. Não havia processo de recrutamento e seleção. Alguns consultores tinham passagens pela polícia — havia até homicidas e estelionatários. Não havia filtragem alguma", conta João. Cada um dos oitenta sócios de Glaidson organizava a relação com o cliente da maneira que achasse melhor. Nada era padronizado. Ele afirma que no curso do inquérito da PF foram encontrados investimentos que chegavam a 900 mil reais, em dinheiro vivo, de clientes procedentes da Favela do Lixo, em Cabo Frio, num sinal claro de que o tráfico de drogas usava as empresas de Glaidson para lavar dinheiro.

A imagem do Faraó sendo preso, de cabeça baixa e algemado, nem de longe lembrava a do empresário que prometia fortuna, desfilava em carros importados e promovia festas memoráveis em Cabo Frio.

"Soltem o papai", exigiam os clientes mais exaltados, em protestos à porta da Justiça Federal, no Rio, semanas depois. Os pagamentos em dia, muitas vezes até adiantados, como em casos de feriado, fizeram muita gente acreditar que, por trás da prisão de Glaidson, havia uma revanche do sistema financeiro contra alguém que ousara desafiá-lo. Apesar do volume de provas apresentado pelos investigadores e fartamente exibido pela mídia, parte dos clientes não queria aceitar a conclusão de golpe. Mesmo os clientes que preferiram ficar em casa, como Érica, demoraram a perder a esperança de ver Glaidson solto e a GAS de volta à ativa, para assim receber o dinheiro de volta. Viam o "papai" como vítima de uma trama.

Mas Glaidson não estava sozinho na construção do "Novo Egito" na Região dos Lagos. A expressão foi popularizada em meados de 2021 por um tuíte de Renata Cristiane, blogueira e jornalista local, quando os rumores de que as pirâmides financeiras que haviam virado uma praga em Cabo Frio já estavam por toda parte.

Mais de vinte empresas que diziam atuar no mercado de criptomoedas deram calote apenas naquele ano. "Eram pessoas que ostentavam, exibiam uma vida de luxo, para atrair novas vítimas. Com a ocultação de patrimônio, comum nesses tipos de crime, restou aos investidores recorrer à Justiça, a última esperança de ressarcimento para quem foi lesado", explicou o advogado Luciano Regis, que representou mais de sessenta clientes de diferentes empresas acusadas de pirâmide — uma delas, o AutiBank,[5] que aplicou o golpe com

---

5. *O Globo*, 3 de abril de 2022, Editoria Rio, p. 30.

a alegação de ser um banco digital. Além das criptomoedas, eclodiu também o caso da Alphabets, aplicativo de apostas que arrastou uma multidão de investidores oferecendo lucros de 1,2% a 3,2% ao dia, até o fundador desaparecer, em setembro de 2021, levando junto o dinheiro dos clientes.[6] Ainda no ramo de apostas esportivas, a JJ Invest deu o golpe em juízes, outros funcionários do Judiciário, médicos, comerciantes e alguns moradores da região Sul do estado do Rio, com desvio de mais de 30 milhões de reais.

Nunca faltaram falsos messias do lucro fácil, capazes de arrebanhar multidões. Na esteira da revolução tecnológica, a bola da vez foi a criptomoeda. A promessa de ganhos muito superiores aos do mais ousado investimento oferecido pelo sistema financeiro tradicional virou pandemia nas ofertas dos golpistas.

No Brasil, porém, ninguém encarnou melhor esse tipo de personagem messiânico do que Glaidson. Mas como ele teria passado de jovem tímido de origem humilde a CEO da GAS e líder de um esquema criminoso de tal proporção? A resposta poderia estar na química com a venezuelana Mirelis — o casamento entre o carisma de um dedicado religioso e a sagacidade de uma mulher iniciada no mundo dos bitcoins. No universo das igrejas por onde Glaidson levava a boa nova, a chamada "teologia da prosperidade" vinculava a bênção divina ao sucesso material. O Faraó vendeu a ideia de que o sucesso era ungido por Deus. E centenas de clientes disseram amém e investiram tudo o que tinham.

---

6. *O Globo*, 8 de agosto de 2022, Caderno de Esportes, página 1.

Não foi isso que alavancou o golpe, no entanto. Érica, João e muitos outros olharam para o lado e viram alguém que enriquecia rapidamente. Uma pergunta se insinuava: "Se aconteceu com ele, por que não comigo?" A ambição e a luxúria, então, tomaram conta. E os resultados foram dramáticos. Este livro não é apenas o relato de um golpe e da vida de seu inventor. É uma história sobre os caminhos que podem levar alguém da tentação do ganho fácil à ganância desenfreada e à demolição moral.

2. O lado A e o lado B do "Índio"

Nas noites da periferia carioca dos anos 1990, os bailes de corredor funcionavam como um clube da luta do funk. Em determinados momentos da festa, grupos rivais, geralmente de comunidades distintas, se dividiam em dois flancos, o lado A e o lado B, e brigavam entre eles na passagem aberta entre ambos. Não se sabe exatamente de que lado Glaidson ficava nos bailes de Ramos e Guadalupe, bairros do subúrbio carioca, mas era evidente o prazer do jovem, ainda magro, mas alto e forte, ao trocar socos e pontapés com os rivais enquanto o som alto dos DJs embalava o confronto.

Glaidson tinha 14 anos quando deixou a Cidade de Deus, na Zona Oeste do Rio de Janeiro, com a mãe — a então faxineira Sônia Acácio dos Santos —, o padrasto, três irmãos e uma irmã, para uma vida nova em Búzios, na Região dos Lagos. No entanto, nem a distância nem os anos que se seguiram à mudança aplacaram o gosto do jovem pelos bailes de corredor. Um amigo de juventude, que dividia com ele o bico de flanelinha na praia de João Fernandes, se recorda que Glaidson organizava excursões de ônibus para os bailes do Rio, especialmente o Nacional de Guadalupe, que fazia tremer o chão do Atlético Clube Nacional, na Zona Norte carioca.

O flanelinha, fora das pistas, não era o mesmo jovem violento do funk, que trombava com os adversários no meio do salão. Glaidson também tinha um lado A e um lado B. As incursões nas noites suburbanas só terminavam quando o ônibus partia de volta, aos primeiros raios da manhã, levando jovens exaustos e insones. Ao chegar a Búzios, se a época era de alta temporada, seguia direto para a orla, onde o permanente sorriso no rosto e uma brincadeira sempre na ponta da língua o tornavam popular e querido por turistas e colegas do estacionamento.

Desde cedo, Glaidson queria ser alguém na vida. Mais velho dos irmãos, filho de mãe solteira, teve o privilégio de estudar em escola privada, custeada pela avó. Contudo, quando a situação financeira em casa piorou, a mãe foi obrigada a transferi-lo para a escola municipal José Clemente Pereira, na Cidade de Deus. As aulas, muitas vezes, tinham de ser interrompidas pelo fogo cruzado na guerra entre quadrilhas e a polícia. Alguns colegas pertenciam a famílias muito pobres e desestruturadas. Aos 9 anos, Glaidson entendeu que tinha de fazer alguma coisa para não ser só mais um.

Nas primeiras semanas de aula, a mãe foi chamada à escola. As professoras reclamavam que ele não parava quieto em sala. Percorria as carteiras dos colegas, a pretexto de ajudá-los nas lições. Uma das educadoras, Ana Paula, se comprometeu a passar atividades paralelas para ocupar a cabeça do menino. Dali em diante, ele ficaria encarregado de apagar o quadro-negro.

Sônia era então funcionária de uma fábrica de remédios, a Indústria Química e Farmacêutica Schering-Plough, no bairro de Curicica. A jornada de trabalho, na esteira de embalar medicamentos, começava no início da tarde e só terminava às dez da noite. Não via o filho mais velho voltar da escola. Glaidson saía às dezessete horas. Um dia, ela cruzou com uma vizinha que elogiou o "Índio" — como o garoto era conhecido na Estrada Santa Efigênia, onde moravam:

"O Índio é uma graça. Todo dia, está na porta do Continente, ajudando os clientes a carregar as compras. Parabéns."

Foi um susto. A mãe não imaginava que o filho já fazia biscates depois da escola. A vizinha, também surpresa por conta da reação de Sônia, apelou para que ela não brigasse com o menino. Em casa, ao perguntar se o comentário da vizinha era verdadeiro, viu o filho arregalar os olhos, mas não brigou com ele. Quis saber se o bico pelo menos rendia alguma coisa. Glaidson, então, foi correndo ao armário do quarto e voltou com um "bolo de dinheiro" nas mãos.

Com o biscate de carregador à porta do supermercado Continente, Glaidson encontrou a solução para um problema que o angustiava: não deixar que faltasse carne em casa. A mãe via nele um irmão afetuoso com os mais novos, a ponto de usar as economias para comprar material escolar para as crianças no Mercadão de Madureira, na Zona Norte, onde os preços eram mais em conta. Certa vez, ao ouvir de uma vizinha que o Natal em sua casa seria cancelado naquele ano por falta de dinheiro, foi ao mercado e comprou para a mulher um corte de peru, rabanadas e uma garrafa de sidra. A vizinha chorou ao receber o presente.

Pouco tempo depois, o padrasto, Ivan, recebeu um convite para trabalhar na reforma de um hotel em Búzios. Levou a família junto. Alugaram uma casa na rua dos Búzios. Sônia, para reforçar a renda, conseguiu uma vaga de cozinheira no supermercado Princesa. Glaidson, já um adolescente de 14 anos, estabeleceu-se como carregador de compras no mesmo local. Nos fins de semana, levado pelo padrasto, conseguiu um lugar de flanelinha em João Fernandes. Quando a obra acabou, se mudaram para Cabo Frio.

A nova casa da família ficava no Jardim Esperança, um dos bairros mais pobres da cidade, na rua Ezequiel Pereira, esquina com a travessa da Felicidade, na época em que as ruas eram de terra batida. Ali, Glaidson passou boa parte da adolescência enfurnado no quarto, debruçado sobre os livros e os cadernos escolares. Os irmãos, Vanderson, Ivisson e Imerson, gostavam mais da rua. Sônia, à época faxineira e lavando roupa para fora, criava os filhos.

O Jardim Esperança nasceu na década de 1970 como marco da segregação social na Região dos Lagos. Com a inauguração da ponte Rio-Niterói e a explosão do fluxo turístico para o litoral norte do estado, as terras na região central de Cabo Frio, sobretudo as próximas da praia do Forte, passaram a ser alvo da especulação imobiliária. Pouco a pouco, moradores originários, como pescadores e trabalhadores da indústria salineira, inclusive a extinta Companhia Nacional de Álcalis, foram empurrados para as áreas de uma antiga fazenda na região, a cinco quilômetros de distância, inaugurando um processo de periferização da cidade.

De olho nos eleitores, o então prefeito, Otime Cardoso dos Santos, o Timinho (1971-1972), distribuiu centenas de lotes do local oferecendo aos novos moradores apenas a inscrição no IPTU. Passados cinquenta anos, a grande Jardim Esperança (assim são chamados o Jardim Esperança e os bairros no entorno) se tornou fornecedora de força de trabalho para as cidades de Cabo Frio e Búzios, na construção civil, no setor e na informalidade, onde Glaidson encontrou acolhida.

Em dias de movimento turístico, ele seguia de ônibus com o padrasto pela Estrada Velha de Búzios, que liga Cabo Frio a Búzios, para bater ponto na praia de João Fernandes, uma das mais belas e cheias do balneário, onde guardavam carros no estacionamento imprensado entre dois morros, em frente à beira-mar. Ivan, que era conhecido por "Minhoca", também fazia bicos como carpinteiro no entorno.

Nos dias de maior movimento, a jornada de Glaidson se regulava pelo sol. Começava por volta das oito horas e se encerrava às dezoito. Mais jovem que a maioria, recorria à simpatia para demarcar território. Conseguia rir do próprio apelido, "Bunda Suja", dado pelos colegas da flanela. O jeito sorridente também cativou os donos argentinos do Chiringuito (em espanhol, "pequeno estabelecimento"), restaurante da orla próximo à área de manobra dos carros. Glaidson, com a ajuda do padrasto, conseguiu ser admitido na casa como cumim, ajudante de garçom.

Em casa, porém, a situação dos Santos não era boa. Os irmãos mais novos começaram a conviver com más companhias, enquanto o padrasto se entregava ao alcoolismo e suas consequências, como violência doméstica e traições. Glaidson praticamente só falava com a mãe e com a irmã. Dona Sônia, em busca de conforto espiritual, bateu na porta da Igreja Universal do Reino de Deus (Iurd) no Jardim Esperança, na companhia de uma irmã. Gostou do que ouviu e começou a frequentá-la. Um dia, voltando da jornada em Búzios, Glaidson desceu do ônibus, ainda sujo de areia, para encontrar a mãe em frente ao templo. Um grupo de jovens, ligados à igreja, logo o cercou e começou a orar. O encanto foi imediato.

Terminava ali a jornada do "Bunda Suja". Arregimentado pela igreja aos 17 anos, Glaidson era agora um "guerreiro da fé". O trabalho na praia, destinado a garantir o pão da família, passou a priorizar o dízimo. Os livros escolares foram trocados pela Bíblia. Em vez de suprir a casa, como fazia desde os tempos da Cidade de Deus, o primogênito começou a tirar produtos da família, como sabonete, papel higiênico, leite e biscoito, para entregar na igreja. O padrasto protestou.

Sônia, ao se dar conta da exploração, abandonou o templo dois meses depois. O filho, porém, mergulhou em sua fé. "Mãe, vou servir a Deus, não vou mais servir ao homem", alegava o rapaz, sempre que Sônia tentava abrir os olhos do filho para os riscos de uma devoção sem limites. Meses depois, porém, teve de servir no Exército, recrutado aos 18 anos, o que o obrigou a afastar-se do templo de Cabo Frio para morar na casa da avó, em Heliópolis, bairro de Belford Roxo, Baixada Fluminense, para ficar perto do quartel.

Glaidson queria ser paraquedista, mas acabou engajado na tropa comum no complexo militar de Deodoro, na Zona Oeste. O salto mais importante, nessa temporada compulsória no Rio, o levou à avenida Dom Hélder Câmara, endereço da Catedral da Fé, sede da Universal na cidade, em Del Castilho. Em dias de folga, passava mais tempo na igreja do que na casa da avó. Dedicado, ganhou a chance de cursar espanhol no templo. Os pastores tinham grandes planos para Glaidson, que se revelava um pregador carismático, capaz de arrebanhar fiéis, mesmo com alguns tropeços no português.

Glaidson, ao fim do serviço militar, era um soldado da fé. As visitas a Cabo Frio eram raras. Em junho de 2003, quando nasceu o filho de Vanderson, um dos irmãos, a mãe achou que o primogênito apareceria para conhecer o sobrinho. Ligou para dar a notícia e foi surpreendida com outra novidade:

"Mãe, recebi uma missão. Estou indo para a Venezuela, para levar a palavra de Deus."

E assim ele seguiu para um lugar distante, aos 20 anos, acreditando que lá salvaria almas. Para os irmãos, convencera-se, não havia mais salvação. Vanderson e Imerson, engolidos pelo ambiente violento do Jardim Esperança, entraram para a criminalidade. Na extensa ficha policial da dupla, figuram casos de desacato, lesão corporal, associação para o tráfico de drogas, corrupção de menores e tentativa de homicídio.

Em pelo menos três ocasiões, Vanderson recebeu voz de prisão: em novembro de 2015, ao lado de dois amigos, quando portava um revólver na rua Comandante Possolo, em Deodoro; em março de 2017, na comunidade da Pedreira, em Queimados, na Baixada Fluminense, com outros três homens, portando um revólver com numeração raspada, dois radiotransmissores, 252 cápsulas de cocaína e 33 trouxinhas de maconha; e em 25 de janeiro de 2018, após uma viatura da PM ser recebida a tiros na comunidade Boca do Mato, em Cabo Frio.

Imerson foi preso em flagrante, no dia 3 de novembro de 2021, na Comunidade do Morubá, em Cabo Frio, por tráfico de drogas. De acordo com a Polícia Militar (PM), os policiais chegaram na comunidade após denúncias de que um homem estaria vendendo drogas no local. Ao ser abordado, o irmão de Glaidson tentou engolir quatro pedras de crack e entrou em luta corporal com os PMs. Em dezembro de 2023, quando este livro estava sendo concluído, Imerson permanecia preso na Cadeia Pública Jorge Santana, no Complexo Penitenciário de Gericinó.

Até meados desse ano, a Folha de Antecedentes Criminais (FAC) de Vanderson tinha onze anotações; a de Imerson, dezoito. A própria mãe de Glaidson tem uma anotação na Folha de Antecedentes, embora o caso tenha sido arquivado. Em novembro de 2013, ela teria chamado os "meninos do tráfico" para bater no companheiro, segundo a polícia, depois de uma briga motivada por ciúmes.

Tudo isso, contudo, era um assunto distante para Glaidson, que mantinha pouco contato com a família. O primeiro retorno ao Rio só ocorreria quatro anos depois da partida. Talvez acreditasse que a história dele no Brasil houvesse terminado. Os acontecimentos que viriam logo depois mostrariam, porém, que essa história estava apenas começando.

3. Glaidson e Mirelis no Reino de Deus

"Eu pergunto [...]: você gosta de miséria? Você queria viver de miséria? [...] Você teria prazer em ver seu filho com fome, sendo você uma pessoa de posses? Essa é a pergunta que eu faço aos pais."[7]

O tom cortante da fala é quase um pito nos fiéis. Diante do entrevistador, Edir Macedo desafia: "Como cremos num Deus tão grande, vamos admitir que haja um consenso, uma combinação desta magnitude com a miséria?" Sem dar tempo para resposta, arremata: "A teologia da miséria é a teologia do Diabo. A teologia da prosperidade é a teologia de Deus."

7. Entrevista de Edir Macedo a Roberto Cabrini, do programa *Conexão Repórter*, no SBT, em 26 de abril de 2015.

Quando embarcou para Caracas, em 27 de julho de 2003, a mesma teoria ressoava na cabeça do jovem Glaidson. Como todo candidato a pastor da Universal, ele precisava saber que a Teologia da Prosperidade, alicerce daquela igreja, prega a ideia de que a bênção financeira é um desejo de Deus. O discurso positivo e as doações para o ministério cristão, sustenta a tese da Universal, aumentarão a riqueza material dos fiéis. Para progredir, basta comparecer com o dízimo. Aos 20 anos, Glaidson pregava a prosperidade aos vizinhos latino-americanos também como uma forma de livrar-se da miséria que o cercara desde criança.

A Universal oferecia a Glaidson um tratamento que lhe era negado no mundo exterior. Ali, todos lhe reconheciam a importância. Ele tinha uma missão a cumprir, sob o plano de Deus, na Venezuela: melhorar os resultados de uma igreja desestruturada e mal administrada, que ainda sofria com a crescente evasão de fiéis no nebuloso terreno do chavismo, no qual a figura do religioso era vista como um potencial adversário do governo.

A passagem de Glaidson pela Universal provocou um hiato na relação dele com a família. Ele só tinha direito a um telefonema por mês, que gastava com a tia Suely, irmã da mãe, e a uma viagem ao Brasil a cada quatro anos. Na primeira volta, parecia cansado, mas bem motivado. Anunciou que tinha virado pastor e pregava nas sedes da igreja em outros países do continente, especialmente Honduras.

Um "obreiro" que almeja a promoção a pastor da Universal precisa mostrar força durante as campanhas da Fogueira Santa, epicentro da pregação da prosperidade. Aos pés da fogueira, pelo menos duas vezes ao ano, o fiel deve anotar um pedido e fazer o "sacrifício", ou seja, a doação de bens e dinheiro em volumes elevados — muitas vezes a economia de uma vida inteira — em troca da certeza de que os seus pleitos serão atendidos por Deus. Enquanto ainda era apenas um obreiro, Glaidson ajudava a organizar a subida dos crentes ao altar, onde pastores e bispos os aguardavam. A eloquência demonstrada, no entanto, logo permitiria que galgasse postos e ganhasse essa missão internacional.

O jovem missionário, entretanto, não queria uma jornada solitária. Por volta de 2012, se casou com uma irmã na fé, obreira na Universal como ele: a venezuelana Mirelis Yoseline Diaz Zerpa. "Mãe, me casei", avisou ele, na ligação mensal a d. Sônia. A família Santos se surpreendeu com o anúncio, mas o jovem pastor prometeu que, na viagem seguinte, levaria a esposa para receber a bênção materna.

No livro *Casamento blindado: O seu casamento à prova de divórcio*, que vendeu quase 300 mil cópias, Renato e Cristiane Cardoso, genro e filha de Edir Macedo, compararam o casamento a uma empresa. Ambos, segundo eles escrevem no quinto capítulo, precisam ter objetivos: "Por que é importante você entender esse paralelo? São os objetivos de uma empresa que guiam tudo o que se faz dentro dela no dia a dia. As decisões que tomam, quem contratam, o treinamento dos funcionários, os produtos que criam, a publicidade que fazem — tudo é movido e guiado pelos objetivos e resultados que a empresa quer alcançar."

A Universal pregava que se um casal não tivesse metas a seguir, como uma empresa, ficaria relaxado e, com frequência, se sentiria insatisfeito por acumular sonhos sem encontrar meios de realizá-los. Glaidson e Mirelis levariam, no futuro, a analogia ao pé da letra.

Esterilidade compulsória

Embora hoje, depois de tudo o que aconteceu, a Universal negue, Glaidson garante que foi promovido a pastor. Para espalhar a boa nova da igreja pelo continente, já ao lado da esposa, ele era obrigado a levar apenas duas bagagens. Tudo tinha de caber dentro delas. Em certa ocasião, após saber do casamento, a mãe enviou um jogo de edredom de presente ao casal. Na viagem seguinte, em missão, a peça não cabia dentro das malas. O filho queria deixá-la para trás. O presente foi salvo por Mirelis, que deu um jeito de apertar tudo nas malas diminutas e carregá-lo. Essa, entretanto, não era a exigência mais dolorosa para o casal. Antes de embarcar em missão, Glaidson teve de fazer uma vasectomia.

O jornalista Gilberto Nascimento, em detalhada reportagem sobre a Universal, publicada em abril de 2023 no jornal on-line *The Intercept*, escreveu que a imposição da cirurgia de esterilização aos religiosos é prática conhecida na igreja.[8] Segundo ele, a congregação do bispo Macedo passou anos empurrando as denúncias para debaixo do tapete, até que uma avalanche de processos judiciais de ex-pastores

---

8. Disponível em: https://www.intercept.com.br/2023/04/17/a-maquina-de-vasectomias-da-universal/. Acesso em: 31 jul. 2023.

vasectomizados expôs a prática, alavancando o escândalo. Grupos de vinte a trinta pastores eram submetidos à cirurgia de uma só vez, em clínicas médicas populares e até em consultórios de dentistas, escritórios, templos, fazendas e emissoras de rádio no interior do Brasil e no exterior, revelou a reportagem. Glaidson era um deles.

Quando não estava no templo, a mulher de Glaidson passava horas diante do celular ou de um computador. Na tela, gráficos coloridos, números, contas. Em determinado momento, Mirelis resolveu compartilhar a fé na moeda digital com o marido.

"Já ouviu falar em criptomoedas? Quer aprender?"

Glaidson, a princípio, desconfiou. Durante um testemunho à Fogueira Santa (registrado em vídeo pela Universal), disse que considerava aquilo um esquema de pirâmide. Aos poucos, porém, foi cedendo à insistência da esposa.

Um contratempo que levou o missionário à perda dos laços com a missão religiosa parece ter afastado as últimas objeções que ele fazia ao mundo das criptomoedas. Nunca ficou claro como os problemas na Universal começaram. A família acredita que Glaidson foi vítima de uma falsa acusação de assédio a uma fiel no exterior. Na mesma ocasião, um e-mail enviado ao bispo Macedo com denúncias sobre irregularidades na gestão da igreja na Venezuela teve a autoria atribuída a Glaidson. Ele foi imediatamente desligado da igreja.

A versão de Mirelis para o episódio da ruptura é diferente. Em vídeo divulgado em sua conta no Facebook, em 2022 (depois retirado do ar), ela contou que o marido foi alvo de racismo na Universal. Mirelis disse que, na época, como pastora da Universal, foi questionada pelos superiores se tinha atração por algum pastor e intenções de se casar. Quando ela respondeu que sim e que essa pessoa era Glaidson, a reação teria sido racista. Uma reportagem publicada no site *Portal do Bitcoin*, em 12 de julho de 2022, reproduziu a fala de Mirelis no Facebook:[9] "O pastor me disse: 'Não pode ser, Glaidson, não. Você não pode casar com ele.' Eu perguntei o porquê e ele respondeu: 'Primeiro, ele é brasileiro e você, venezuelana. Segundo, você não está vendo a cor dele? Ele é mais escuro que você, ele é negro. Você tem que buscar uma pessoa mais clara.' Isso foi muito chocante para mim."

Assédio? Racismo? Intrigas internas? O motivo do desligamento jamais ficou claro. O que se sabe é que, em 2013, o casal arrumou as malas às pressas e partiu.

A volta ao Brasil foi humilhante. Glaidson só recebeu uma passagem aérea. Não tinha dinheiro sequer para comprar uma passagem de ônibus do Rio de Janeiro a Cabo Frio. A tia Sueli entrou em cena para buscá-lo no aeroporto. Mirelis estava com ele. Ao finalmente rever a mãe, abraçou-a e, chorando, disse que tinha sido vítima de calúnia. "Os irmãos se voltaram contra mim", queixou-se. Dona Sônia acreditou no filho. Para ela, a igreja o tratou "que nem cachorro".

O retorno compulsório do marido obrigou Mirelis a morar em outro país, de língua diferente, acomodada de improviso na casa da família no Jardim Esperança. Nada disso

---

9. Disponível em: www.portaldobitcoin.uol.com.br/esposa-de-criador-da-gas-consultoria-acusa-igreja-universal-de-estar-por-tras-da-derrocada-da-empresa/. Acesso em: 30 jul. 2023.

parecia abalar a venezuelana. Para ela, bastava um sinal de wi-fi e a certeza de contar com um rebanho imenso, à espera de sua mensagem de prosperidade. Nesse ambiente novo e ainda incerto, Mirelis e Glaidson acenderiam em breve uma Fogueira Santa própria.

4. A arquitetura do golpe

"Convido a família para provar o nosso prato principal: a anchova completa. Tem também peroá, camarão, dourado…"

De volta ao Brasil, o grande negócio de Glaidson Acácio dos Santos, por um tempo, era servir peixe frito. Sem jamais abandonar o sorriso largo, ele disputava a clientela da praia do Forte, a mais popular de Cabo Frio, garantindo que as opções do cardápio do Quiosque da Carmen, "o de número dez" da orla, eram "maravilhosas". Jamais deixava as mesas sujas. Não demorava para atender. No pouco tempo que sobrava, Glaidson limpava as mãos e olhava o celular. Precisava saber a cotação de bitcoins do dia, pois queria acreditar no negócio alardeado pela esposa, que o fazia sonhar com uma vida nova, cheia de oportunidades e dinheiro.

O mercado das criptomoedas, na época, era pequeno. Os valores envolvidos estavam longe de saltar aos olhos. O setor no Brasil era dominado por poucas corretoras. O valor de um bitcoin girava em torno de 376 dólares (na cotação de 5 de dezembro de 2014),[10] muitos degraus abaixo dos valores de 2023, por exemplo, quando chegaram a marcar 28 mil dólares.

Quiosque da Carmen era o nome fantasia da empresa Anchieta Oliveira Restaurante Ltda., que funcionou até 2020. Glaidson tinha carteira assinada, mas o salário real era ínfimo, apenas 869 reais por mês. As melhores noites dependiam de gorjetas gordas. Ele sabia que bons resultados decorriam do grau de empatia com os clientes. Portanto, a conversa sobre a moeda revolucionária era mantida longe do público. Limitava-se então ao pessoal atrás do balcão, a maioria muito desconfiada do que ouvia.

Durante um testemunho no altar da Fogueira Santa registrado em vídeo, Glaidson aparece já em um momento de expansão dos negócios. Está satisfeito com as recentes conquistas e se diz grato a Deus e aos sacrifícios que fez no programa para alcançar a prosperidade. Vestido com um blazer de veludo preto, camisa social branca e calça jeans, ele aposta em um traje casual, como costumava fazer nos eventos da GAS em que subia ao palco. No rosto, um olhar sereno e óculos de grau sem aro, que dão um aspecto mais *clean* ao visual.

---

10. Disponível em: www.coinmarketcap.com/currencies/bitcoin/. Acesso em: 31 jul. 2023.

Com uma fala tranquila e macia, ele se lembra da época em que era pastor da igreja e das dificuldades em recomeçar quando deixou o cargo. Sem alterar o tom de voz, ele usa uma das mãos para se expressar, gesticulando, enquanto a outra segura o microfone. No pulso esquerdo, um relógio social, grande, prateado, analógico, confere um ar de sofisticação e sucesso. Na mão direita, a aliança da união com Mirelis.

Entre 2013 e 2014, os primeiros anos de Mirelis no Brasil, o casal levava uma vida de dificuldades financeiras. Glaidson disse que eles moravam de favor em um puxadinho da casa da mãe, no Jardim Esperança, o mesmo de ruas de chão batido de sua infância, dormindo em um colchão no chão. Por isso, contou ele, Mirelis sofreu com dores na coluna e teve um cisto que precisou ser retirado por cirurgia.

Glaidson também afirmou naquele depoimento que, ainda desempregado, continuou frequentando a igreja, até que conseguiu uma vaga de garçom no Ferradura Resort, em Búzios. Depois, foi maître. A bandeja de Glaidson circulou por outros bares e restaurantes, até o Quiosque da Carmen assinar a carteira dele. Em casa, aprendia com a mulher. Entendeu, por exemplo, que as criptomoedas tinham mais oscilações e eram mais voláteis do que os investimentos tradicionais. Na época, segundo ele, Mirelis atuava em uma plataforma espanhola chamada *El Toro*, "comprando ações, prata e petróleo". Contudo, saber operar não bastava. Sem dinheiro, ela precisava de clientes, muitos deles, para lucrar com isso. No país de origem, como veremos adiante, Mirelis estava queimada. Ninguém arriscaria mais um bolívar com ela.

Aos poucos, a vida do casal evoluía. Eles conseguiram deixar o puxadinho da casa da mãe de Glaidson no Jardim Esperança. Alugaram um imóvel no número 10 da rua Piracicaba, na praia do Siqueira, em Cabo Frio, e declararam o novo endereço como sede da empresa de ambos, a Sol & Lua Restaurante, criada em 15 de dezembro de 2014, a mesma data em que Glaidson pediu demissão do Quiosque da Carmen. A natureza da firma sugeria que ele tinha vontade de virar patrão de si mesmo no circuito gastronômico da cidade. No entanto, a bandeja já estava aposentada. O ex-garçom pretendia se dedicar exclusivamente ao novo investimento, para o qual havia arregimentado alguns colegas do circuito de bares e restaurantes da cidade — os primeiros clientes.

Quatro dias antes de abrir a Sol & Lua, Glaidson se cadastrou na corretora de criptomoedas (*exchange*, no jargão do mercado) FoxBit, naquele momento a maior plataforma de compra e venda de bitcoins do Brasil. Para entrar, bastava apresentar um documento de identidade, mandar uma foto da própria pessoa e dispor de pelo menos 10 reais para investir. Muito simples, mesmo para os novatos. Com a Sol & Lua, que oficialmente levava o nome do dono, eram criados os alicerces do Novo Egito, no qual Glaidson seria o sol e Mirelis, a lua.

A arrancada dos bitcoins nos anos seguintes ajudaria o discurso do casal. A valorização acelerada criava a impressão de que quem comprasse bitcoins ficaria necessariamente rico. Se em 2015 um bitcoin valia 263,07 dólares (1.402,48 reais, pela cotação da época), pouco mais de dois anos depois, a moeda digital havia saltado para 20.089 dólares, dando assombrosos retornos de 7.636% para os que venderam na ocasião.[11] Dos ensaios entre colegas de serviço, parentes e vizinhos, fortalecido pelos resultados e com a lábia afiada, Glaidson partiu para os templos da Iurd.

Os sinais mais claros de que algo mudava para ele começaram a surgir em 2015. A empresa apresentou movimentação financeira compatível com o porte, 73 mil reais a crédito. Entretanto, pela conta de pessoa física, passaram 786 mil reais a crédito e 785 mil reais a débito, enquanto no ano anterior a movimentação não chegara a um décimo desses valores.

Um vizinho contou que, no começo da carreira empresarial, o futuro Faraó dos Bitcoins circulava de bicicleta pela periferia de Cabo Frio para captar clientes. "Ele pegava um cheque da pessoa e deixava o dele, no valor já com os juros prometidos, como garantia", lembra-se. Em pouco tempo, o negócio saiu das duas para as quatro rodas. Glaidson teve condições de comprar um Peugeot preto, modelo 208, com o qual pôde ampliar o raio de ação, mergulhando nos grotões pobres da Região dos Lagos.

O casal se completava nas operações. Glaidson conhecia a estrutura e o funcionamento da Universal. O público do empresário era quase todo oriundo dos templos, cativando, a princípio, os pastores e, por meio deles, os fiéis. Ele sabia

---

11. Disponível em: www.criptofacil.com/veja-quanto-5-mil-bitcoin-comprados--2015-valorizaram/. Acesso em: 31 jul. 2023.

que o rebanho seguia sem hesitar o que os líderes estipulavam. Se funcionava bem no mundo da política, em que alguns templos se confundiam com currais eleitorais, por que não serviria para os bitcoins? À revelia da cúpula da Iurd, ele formou uma legião de consultores — espécie de representantes terceirizados de seus negócios — entre pastores que atravessavam a carreira pedindo dízimos, mas recebendo muito pouco da igreja em troca. Foi um sucesso.

Com as portas abertas pelos religiosos, ao dar testemunhos em cultos, Glaidson espalhava que o negócio era poderoso. Conforme as pessoas foram aderindo e recebendo os rendimentos mensais, não demorou muito para o público se expandir, correndo à boca pequena como o investimento dava retorno e era garantido. Quanto mais pastores e fiéis atestavam a confiabilidade do negócio, mais crescia a carteira de clientes, formada muitas vezes por famílias inteiras, que se cotizavam e juntavam dinheiro para investir as economias e depois dividir os lucros.

Mirelis era o lado financeiro do casal, o rosto por trás da tela do computador, sempre atento à oscilação das moedas virtuais. Desde a Venezuela, ela sabia que o sucesso do negócio não dependia apenas de saber comprá-las ou vendê-las na hora certa. O cliente precisava acreditar, levado por um repertório de frases cativantes, que as criptomoedas, em termos de investimento, eram o passaporte para uma vida tão sonhada de conquistas e dinheiro. Um jogo de ganha-ganha.

O casal, ao comparecer ao 3º Bitcoin Summit, em abril de 2018, em Florianópolis, chamou a atenção de funcionários da FoxBit e de outros participantes pelo modo como se vestiam e falavam. Em ambiente dominado pela camisa de malha e calça jeans, Glaidson usava terno, sapato social e relógio grande no pulso. A aparência estranha era reforçada pela pregação de Glaidson nas redes sociais, nas quais se dizia agente autorizado da bolsa de criptomoedas — algo que não existia — e que os bitcoins tinham potencial para mudar a vida das pessoas, por representar um investimento com rendimento sem risco.

Para quem conhecia o mercado por dentro, não havia dúvidas: era golpe.

Primeiro sinal de alerta

No ano anterior, os sinais de alerta tinham chegado às autoridades federais. O Conselho de Controle de Atividades Financeiras (Coaf) recebeu de uma agência bancária de Cabo Frio a primeira comunicação sobre as movimentações suspeitas de Glaidson. Os indícios surgiram com o aumento de mais de 1000% nos valores transitados na conta dele, tanto a crédito quanto a débito, com saques, depósitos em dinheiro e transferências destinadas a diferentes estados do país, sendo as mais frequentes para a FoxBit Serviços Digitais S.A. e a Vivar Tecnologia da Informação Ltda. Mesmo ouvindo de Glaidson a justificativa de que tal movimentação "provém da atividade como intermediador financeiro no mercado de bitcoins", a agência ficou ressabiada. Por isso, alertou ao Coaf que "o analisado reside em região conhecida como um dos pontos mais ativos de tráfico de drogas no município" e que no endereço da Sol & Lua não havia restaurante aberto.

O temor era tanto que a agência devolveu uma ordem de pagamento emitida por Fernando Rodrigo Silva Novais, sem CPF identificável e proveniente da Colômbia, com a alegação de que o cliente "não teve como comprovar a finalidade do recebimento".

As suspeitas aqui e ali não foram suficientes para deter o projeto de Glaidson e Mirelis. Para crescer, o casal valia-se da mentalidade dos clientes, para os quais a teoria da prosperidade divina era certeira: o fiel recebe de Deus o montante em dinheiro de acordo com o tamanho do sacrifício em doar tudo no altar. Fazer com que o negócio se tornasse ungido por Deus era um passo fundamental e previsível na retórica da dupla.

As desconfianças, restritas ao setor privado, nem sequer arranharam a reputação do casal junto ao rebanho de clientes. Era um público sem educação financeira, que via a conta pessoal crescer a cada dia, com os pagamentos sempre pontuais — muitas vezes até antecipados, em véspera de feriado. Poucos queriam sacar tudo, pois o desejo de multiplicar os recursos investidos falava mais alto. Entendiam que os criptoativos funcionavam como uma poupança futura e, quem sabe, um dia poderiam realizar o sonho de se tornarem milionários.

O casal selecionou quinze pessoas que faziam parte do círculo íntimo, dez delas que também formavam casais, para montar o primeiro time de "consultores". A função, na realidade, era vender o produto, trazer mais aportes e aumentar a base da pirâmide para manter o fluxo de pagamentos. Outros cargos surgiriam ao longo do processo, abaixo desse núcleo duro, de quinze "apóstolos". A taxa de juros prometida aos clientes, de 10%, era outra referência à pregação religiosa. Um dízimo, que significa a décima parte, é a contribuição financeira cobrada por denominações cristãs, como a Iurd.

Com a explosão das criptomoedas, em 2017, o casal viu a riqueza entrar na vida de ambos. De acordo com a investigação, Glaidson teve uma movimentação financeira de 9,4 milhões de reais a crédito e de 9,2 milhões de reais a débito, valor aproximadamente quinze vezes maior do que a movimentação do ano anterior. Ele começou a ostentar bens inimagináveis para a realidade de poucos anos atrás. Em agosto, por exemplo, comprou um apartamento no valor de 380 mil reais. No mesmo ano, se deu ao luxo de gastar quase 10 mil reais em acessórios e joias.

A epifania de Glaidson

Em junho de 2018, Glaidson fez uma anotação que passou a guardar dentro de uma Bíblia, na sala de reuniões da casa em que residia. Ali estava escrito: "13.06.2018, 20:37, reunião que minha vida mudou."

Naquela reunião, ele teve a epifania que mudaria o rumo dos negócios que dirigia: a mudança na denominação social e a entrada de Felipe José Silva Novais como sócio da empresa que surgia ali. Sol & Lua agora seria GAS Consultoria & Tecnologia Ltda. — composta pelas iniciais do nome dele — e a sede passaria para a avenida Júlia Kubitschek, 16, sala 212, no Centro de Cabo Frio. Ao público, o CEO alegou que precisava azeitar as rotinas e modernizar o modelo de negócio.

Entretanto, havia outro motivo. Os bancos já não queriam aceitar uma movimentação tão alta em conta pessoal e o pressionaram a dar mais transparência e validade às volumosas operações financeiras. A saída foi embaralhar o jogo.

Glaidson começou a terceirizar as operações. Montou uma intrincada rede financeira, indigesta para as autoridades fiscais. Felipe, novo sócio da GAS, era um ex-cliente. Ele e a mulher, Kamila, foram convertidos em "apóstolos". Já os outros consultores, mais adiante também transformados em sócios, tiveram de abrir o próprio CNPJ. Passaram a arcar com os custos de aluguel de salas, montagem de escritórios, questões estruturais e gerenciamento dos times de consultores e *trainees* de cada um.

Na teia criada pelo casal, a GAS era mantida no centro. Pela hierarquia estabelecida, logo abaixo de Glaidson e Mirelis vinham os sócios, seguidos pelos sócios-administradores e, depois, os consultores. Embora os contratos levassem a assinatura de Glaidson, como CEO da empresa, e as notas promissórias oferecidas como garantia fossem assinadas por Mirelis, as portas de entrada dos investimentos e de saída dos pagamentos eram variadas e obscuras. O sócio "A", por exemplo, dava ao cliente a conta da empresa do sócio "B" para o aporte financeiro e pagava os juros pela empresa do sócio "C". Difícil de entender.

À medida que os negócios evoluíam, Glaidson e Mirelis prosperavam. Ele comprou dois apartamentos, um ainda no bairro do Braga e outro em Brasília, e alardeou ter cinco carros e oito escritórios na época, em depoimento dado no altar da igreja. Fez também as primeiras viagens internacionais como empresário cristão, tendo como destinos Israel, Itália e Portugal, além de ter adquirido mais 127 mil reais em joias. A viagem para a Terra Santa foi uma excursão religiosa, com mais de 25 pessoas, muitas delas integrantes da Igreja Universal, organizada por uma agência de viagens.

Em 2019, a movimentação financeira de Glaidson e da GAS deu mais um salto, com a entrada no caixa de 478 milhões de reais e a saída de 476 milhões de reais. No quadro societário, Felipe saiu de cena para ceder o lugar a Mirelis. Na mesma época, mais CNPJs reforçaram a teia do Faraó com a abertura de empresas: a GAS Assessoria & Consultoria Digital e a GAS Inovação Tecnologia Artificial.

Glaidson tinha duas formas distintas de tratar a riqueza. Nos púlpitos e nas redes sociais, fazia questão de exibi-las para encantar a clientela em potencial, mas no mundo institucional, no qual os impostos são cobrados, tentava escondê-la. No caso das joias, por exemplo, as compras foram feitas na Square Comércio de Joias Ltda. A joalheria, no entanto, não declarou ao fisco qualquer saída de mercadoria que pudesse lastrear as vendas para Glaidson.

As desconfianças do mundo cripto com a ascensão da GAS também cresciam. Em fevereiro de 2019, com o crescimento exacerbado dos negócios, a plataforma FoxBit encerrou a conta de Glaidson. Alegou falta de comprovantes de renda nas operações com criptomoedas e a prática sistemática de envio de e-mails à exchange por meio de contas não cadastradas. Barrados, Glaidson e Mirelis passaram a operar junto à plataforma Bitcointoyou, vinculada à Vivar Tecnologia da Informação Ltda.

Em março de 2020, o mundo parou. As pessoas se recolheram, empresas fecharam e os negócios refluíram, enquanto a humanidade iniciava a luta para deter o vírus da covid-19. Paradoxalmente, o negócio do casal atingiu o apogeu. Os clientes, desempregados, viram na GAS a chance de garantir uma renda fixa, honrar seus boletos e, mais do que isso, apostar em algo novo. Já que o planeta mudava, velhas visões eram postas em xeque, o inimaginável acontecia, como ter de se trancar em casa e não poder enterrar os familiares, por que não acreditar no impossível, em uma aplicação que renderia 10% ao mês sobre a quantia aplicada? Na visão dos investidores, essa era a saída para o caos que havia se instalado: se arriscar fora do sistema conhecido de investimentos em bancos e no mercado financeiro. Era o preço que eles estavam dispostos a pagar.

Em 2020, apenas 21% da população de Cabo Frio estava ocupada.[12] E, mesmo para os que trabalhavam, o rendimento era diminuto. De acordo com o IBGE, 34,5% da população ganhava até meio salário mínimo por mês.[13] Entre as 5.570 cidades brasileiras, o balneário fluminense ficava na 3.675ª posição. Jardim Esperança, onde Glaidson

---

12. *População ocupada*: São classificadas como ocupadas na semana de referência as pessoas que, nesse período, trabalharam pelo menos uma hora completa em trabalho remunerado em dinheiro, produtos, mercadorias ou benefícios (moradia, alimentação, roupas, treinamento etc.). IBGE, Cadastro Central de Empresas (Cempre) 2020 (data de referência: 31/12/2020); IBGE, Estimativa da população 2020 (data de referência: 1/7/2020).

13. Percentual da população com rendimento nominal mensal *per capita* até 1/2 salário mínimo: IBGE, Censo Demográfico 2020.

foi criado, abandonado e empobrecido, era um retrato desse desalento.

O negócio se espalhou como uma febre pela região, ganhou o Brasil e abriu escritórios no exterior — Londres, Dubai e Portugal. A movimentação financeira de Glaidson rapidamente quintuplicou e ultrapassou a casa dos 2 bilhões de reais. De acordo com relatório da PF, ele integrou 60 milhões de reais no capital social da GAS, dando um salto no patrimônio da empresa de 1,2 milhão para 60,4 milhões de reais.

As idas de Glaidson às agências bancárias, contam moradores de Cabo Frio, eram um acontecimento. O CEO chegava cercado de quinze seguranças, todos de preto. "Parecia até o presidente da República", afirma um deles.

Tamanha fartura exigia um endereço residencial à altura. O local escolhido para abrigar o casal foi o condomínio Moringa, no Centro de Cabo Frio, onde a casa mais barata não custa menos de 5 milhões de reais.[14] Fundado no início dos anos 1970 por um grupo de empresários liderado pelo arquiteto César Thedim, então marido da atriz Tônia Carrero, é tido como o mais valorizado condomínio da cidade por ficar à beira do canal Itajuru. A localização permite que todas as 36 residências tenham deque para lanchas e jet ski, desobrigando os moradores de se deslocarem a uma marina para zarpar com as embarcações.

---

14. Valor fornecido, em setembro de 2023, por corretores imobiliários de Cabo Frio.

A Família GAS

O negócio de Glaidson e Mirelis explorava a visão de que a empresa formava um grupo com valores e objetivos especiais e conseguia prosperar com as bênçãos de Deus em um sistema paralelo. Quem entrava para a "Família GAS" recebia amparo e cuidado. Nas lives da internet e nos encontros presenciais em eventos comemorativos, falava-se em sonhar junto, crescer e deixar o sistema injusto para tantos que batalham por pouco e ainda pagam muitos impostos. A outra opção aos bitcoins geridos pela GAS, pregava Glaidson, seria continuar escravo do mercado financeiro e dos seus banqueiros.

As videoconferências feitas por ele, usadas para comunicados e treinamentos virtuais semanais, chegavam a reunir mil pessoas. Depois de divulgar protocolos e informes da empresa, o CEO da GAS ensinava "educação financeira" em sessões que profetizavam o crescimento dos bitcoins "nos próximos anos" e dava dicas sobre em quais bitcoins seria mais vantajoso investir nos dias que viriam.

Com a retórica da Família GAS, eles mantinham o engajamento dos colaboradores, dando a todos um senso de pertencimento. O negócio pregava uma ascensão social fora da curva, trabalhando com o imaginário "aqui, nós vamos te ensinar a ganhar dinheiro e se tornar rico". Tempos depois, quando ficou conhecido como Faraó dos Bitcoins, Glaidson disse que preferia ser lembrado como Moisés, personagem da tradição judaico-cristã que libertou os hebreus da escravidão. Faraó, para ele, era o banco tradicional, que mantinha os clientes sob chibata.

A festa de fim de ano era o grande encontro presencial das empresas. Em 2020, reuniu quatrocentas pessoas, entre sócios, os melhores consultores e as respectivas famílias, no resort Costão do Santinho, em Florianópolis (SC). Com tudo pago pela GAS, que fretou dois aviões para levar os participantes, o evento teve palestras, conferências, jantares e atividades culturais. O último dia, registrado no vídeo de divulgação do evento, foi reservado para as famílias curtirem com as crianças o Beto Carrero World. Enquanto Mirelis era presença discreta e calada, Glaidson circulava como o grande anfitrião. Servia de *showman*, conduzia palestras no palco, com o microfone na mão, dançava para atrair e motivar o público. Sentava-se à cabeceira da mesa, ocupava todos os espaços, era a cara da empresa.

Alguns consultores se recordam que, apesar das falhas de português, especialmente nos erros de concordância nominal, conjugação de verbos e pobreza vocabular, ele tinha o dom de entreter e transmitir informações. Com uma linguagem simples, conseguia traduzir para o público leigo o que havia aprendido com a mulher. "Viva de renda, saiba aplicar seu dinheiro", enaltecia.

As pessoas, muitas vezes, viam em Glaidson um pouco delas próprias. Torcedor do Flamengo, presença eventual nos jogos do Maracanã, ele era brincalhão e piadista, "uma criança grande", segundo um amigo próximo. Fora do ambiente da GAS, gostava de comer muito, principalmente churrasco e feijoada, e curtia pagode e música sertaneja, em especial o pagodeiro Jheison Failde de Souza, o Ferrugem. Soltava a voz no refrão de "Climatizar", o grande sucesso do músico predileto: *"É muito Chandon e tudo de bom./ Pra desestressar (pra desestressar)./ A luz em neon, ajeita o batom (em neon, o batom)./ Depois que eu borrar."*

Esse era o mundo do Faraó: muito Chandon e tudo de bom.

A GAS a bordo de uma Ferrari

Desde o crescimento da GAS no mercado de Cabo Frio, que se espalhou pelo Brasil e além dele, carrões importados, cujas marcas eram desconhecidas para a maioria das pessoas, começaram a circular pela cidade. Ferraris, Mustangs e outros simbolizavam a opulência da família GAS. A ideia era impressionar com muito luxo e dinheiro. O cortejo motorizado comprovava o salto descomunal no padrão de vida dessas pessoas. Para se juntar a eles, bastava fazer o contrato com a GAS e receber a nota promissória assinada por Mirelis, com o valor investido assegurado. A chegada de Glaidson nos lugares, contam pessoas da cidade, era um acontecimento que promovia caos, porque ele estava sempre rodeado de seguranças, como uma estrela internacional.

A propaganda era na base do boca a boca, nas ruas, já que a GAS optou por abdicar de sites na internet. A estratégia da discrição livrava a empresa do mesmo dissabor enfrentado pela mentora Mirelis na Venezuela. Ao jogar luz sobre o próprio nome, com um perfil no Facebook, ela acabou virando alvo dos chavistas quando o esquema implodiu. A regra, agora, era passar discretamente nas redes sociais e garantir o lucro, apostando no sonho do dinheiro fácil, na base do trabalho presencial e em conferências digitais para grupos selecionados.

Com o aumento do montante de contratos e a consequente necessidade de expansão da estrutura, Glaidson ampliou e diversificou a família GAS. Aliados de primeira hora tiveram o desconforto de conviver com gente que cultivava valores estranhos ao mundo evangélico. Os sócios do núcleo duro, porém, estavam mais preocupados com o mundo dos negócios. Entenderam, por exemplo, que corriam risco ao manter as operações no Brasil. Mais seguro era mandar o dinheiro para fora por intermédio de empresas *offshore* e contas internacionais.

Parte dos recursos dos sócios passou a seguir para o exterior com a abertura de contas nos Estado Unidos, nos Emirados Árabes e em Portugal, entre outros. O próprio Glaidson tinha ao menos três contas internacionais, nos bancos Millennium BCP, Banco Comercial Português e Bank of America. Ele também constou como sócio de duas empresas abertas no exterior, em 2020: a GAS Consultoria em Tecnologia da Informação LLC, sediada em Orlando, na Flórida (EUA), e a Mireglad Technology LTD, em Londres, no Reino Unido.[15]

Os destinatários que mais receberam recursos das contas vinculadas a Glaidson foram Mirelis e três casais de sócios mais próximos, o núcleo duro: Felipe José Silva Novais e Kamila Novais; Tunay Pereira Lima e Márcia Pinto dos Anjos; Vicente Gadelha Rocha Neto e Andrimar Morayma Rivero

---

15. A GAS Consultoria em Tecnologia da Informação LLC tem sede na 7901 Kingspointe Pkwy, 29-B. Seu representante legal é Glaidson. A Mireglad Technology LTD é sediada na Unit 156003, Ground Floor, 30 Bloomsbury Street.

Vergel, todos ex-irmãos na Iurd — além dos repasses que beneficiaram a própria Igreja Universal. Em sua maioria, eram egressos da Igreja Universal da Região dos Lagos que ingressaram na primeira formação do esquema, para erguer o que viria a ser a GAS e fazer o negócio decolar.

Vista de fora, a GAS reluzia como uma Ferrari zero-quilômetro. Por dentro, a empresa era um caos administrativo. Segundo advogados próximos aos sócios, não havia sequer um departamento jurídico que regulamentasse as ações do grupo e respondesse pelas questões legais. Outra preocupação desses advogados era o descaso sistemático dos gestores quanto às obrigações tributárias. Compliance era uma palavra completamente estranha à família liderada por Glaidson e Mirelis.

Para disfarçar a irresponsabilidade corporativa, a empresa passou a investir na responsabilidade social ao criar a GAS Social, o braço assistencialista do grupo. Em imagens gravadas por sua equipe em data desconhecida, durante a pandemia, Glaidson, de máscara, falou sobre o aumento da desigualdade em função da covid-19. Enquanto descarregava cestas básicas de um furgão, na periferia de Cabo Frio, preconizava: "Não podemos ficar de braços cruzados, sem poder ajudar, tendo condição."

O slogan do braço social era "GAS e você, juntos por um mundo melhor". O CEO pedia que os sócios e consultores destinassem verbas para os programas, e havia um dia em que boa parte deles comparecia aos locais para a entrega dos kits. Além de distribuir cestas básicas e ajudar projetos habitacionais na periferia de Cabo Frio e outros locais da região, a GAS social foi fazer caridade até na Ilha de Marajó, no Pará.

Cabo Frio, o Novo Egito

Apesar da expansão financeira e social da GAS, o grande laboratório de experiências de Glaidson e Mirelis sempre foi Cabo Frio. Com uma população estimada em 234 mil habitantes em 2022 (IBGE), o município, antes de virar o "Novo Egito", fazia parte dos "Emirados Árabes" do estado do Rio pela elevada arrecadação de royalties de petróleo. Em 2018, ano da arrancada da GAS, Cabo Frio foi a sexta cidade fluminense que mais lucrou com os royalties de petróleo, recebendo mais de 122 milhões de reais naquele exercício.

O dinheiro do petróleo, porém, nem sempre se converteu em políticas públicas. O município, de acordo com os indicadores do IBGE, estava na 92ª posição no ranking de renda média no estado em 2022. Jornalistas que atuam na cidade lamentam que a prefeitura, reiteradamente, tenha usado os recursos em cabides de emprego, uma estratégia fácil e eficaz para garantir a vitória no pleito seguinte. Outro fenômeno de Cabo Frio foi dar ao então candidato Jair Bolsonaro (PL) 76% dos votos no segundo turno das eleições presidenciais de 2018, uma das maiores votações por município fluminense,[16] sinalizando uma mistura de revolta em relação aos políticos tradicionais com esperança em mudanças alavancadas pela combinação de teologia e política.

---

16. De acordo com os resultados divulgados pela Justiça Eleitoral, os melhores desempenhos de Bolsonaro no estado do Rio, no segundo turno de 2018, foram os seguintes: São José do Vale do Rio Preto, com 84% do total de votos válidos; São Pedro da Aldeia (80%); Teresópolis (78,9%); Araruama (77%); Saquarema; Mangaratiba; Itaocara; e Cabo Frio (todos com 76%).

Cabo Frio reunia as qualidades e os problemas necessários para também ser a base do Novo Egito. Muitas pessoas empregadas no município deixaram de ir ao trabalho e ficaram em casa, ganhando os rendimentos pagos pela empresa.

Embalados pela fé, na cultura do dízimo e da salvação em Deus, as pessoas se sentiam acolhidas pelo empresário cristão, que emergira da pobreza e prometia uma ascensão inédita na vida financeira de cada uma delas. Com os rendimentos pagos sempre em dia, muitos financiaram carros, moradia, trocaram de celular, compraram móveis e eletrodomésticos e tantos outros itens da vida cotidiana. Em vez de pagar o dízimo, passaram a receber os 10% da GAS. Glaidson operava milagres.

Na esteira do sucesso, começaram a surgir as ovelhas desgarradas. Membros da família, diante da voracidade de Cabo Frio pelas criptomoedas, resolveram constituir negócios próprios. Passaram a concorrer com a GAS, oferecendo taxas mais altas — até 30% — e abrindo um buraco no rebanho. Até apostas esportivas, como forma de investir o dinheiro do cliente, entraram em cena no Novo Egito e suas pirâmides. Os golpistas se vendiam como especialistas em ganhar dinheiro sistematicamente com apostas de futebol, mas precisavam do dinheiro das vítimas para entrar nas disputas e lucrar com elas. Em troca, ofereciam aos investidores juros fixos muito acima do mercado. Muita gente acreditou. As consequências, mais tarde, seriam trágicas.

5. Um vulcão chamado Mirelis

Nas categorias dos vulcões, o mais assustador, por ser silencioso e "invisível", é o submarino. Ele age abaixo da linha d'água e causa um impacto profundo. Assim também trabalhava a venezuelana Mirelis Yoseline Diaz Zerpa: de forma silenciosa e letal. Por trás de um cotidiano normal, de alguém com aparência simples, de trato gentil e calmo com funcionários e amigos, que executava atividades comuns como tirar fotos, cuidar dos animais e fazer dieta vegana, escondia-se um avatar sagaz, que dominou como poucos as redes de negócios com bitcoins e transformou a ambição das pessoas em combustível para manobras milionárias.

Mentora do esquema, Mirelis preferia deixar o protagonismo para o marido, que atraía as atenções como líder nos eventos, nas reuniões e nas lives em redes sociais. A discrição dela era tanta que os envolvidos no caso da GAS — clientes, consultores e investigadores — não conseguiam ir além de duas frases sobre a mulher de Glaidson, nascida no dia 7 de julho de 1983. Para alguém que não a conhecesse, Mirelis poderia parecer uma mulher submissa ou passiva. Isso, porém, estava longe de ser verdade.

O maior oponente de Mirelis sempre foi a visibilidade. Em 2013, na Venezuela, o primeiro calote público em clientes a fez entrar na mira dos chavistas. Depois que parou de pagar os juros prometidos em aplicações de bitcoins, ela teve o nome inscrito na lista de golpistas organizada pelo site *Entre Comillas*,[17] que monitora as fraudes com moedas digitais naquele país. Em seguida, Mirelis sumiu de lá e reapareceu no Brasil, já casada com Glaidson.

Mirelis não queria estar em lista alguma. Preferia não ser notada, mantinha-se discreta também nos gestos, adereços e jeito de se vestir, longe de extravagâncias. Os amigos de Glaidson contam que, enquanto ele procurava manter-se sempre em foco, ela preferia ficar em casa, estudando e lendo. Acordava por volta das oito horas e, no café da manhã, tinha o hábito de comer frutas e *arepas*, um pão típico da Venezuela. Aliás, Mirelis procurava manter parte dos hábitos gastronômicos da terra natal, preparando e ensinando

---

17. O relatório final da Polícia Federal sobre a Operação Kryptos, de 23 de setembro de 2021, cita na página 23 que a "lista negra" do site venezuelano *Entre Comillas* "alerta investidores em criptoativos daquele país quem são os golpistas no setor, dentre os quais consta o nome de Mirelis Yoseline Diaz Zerpa".

receitas típicas a funcionárias. Focada numa alimentação saudável, tinha também uma horta em casa.

Após o café, passava um tempo com os três cachorros, tomando sol no quintal de casa. A conexão com os cães era tanta, que Blockchain, Quântico e Ethereum, os três da raça pastor-de-shetland, tinham passe livre pela casa e dormiam no quarto principal, com o casal. Depois de brincar com os cachorros, ela ia para o escritório, onde ficava a maior parte do dia, parando apenas para almoçar e, às quatro da tarde, tomar chá. Carne na alimentação, jamais. Passava longe quando o marido fazia churrascos para os sócios mais chegados.

O embrião da GAS

A história de Mirelis em território brasileiro começou no dia 13 de novembro de 2013, quando ela ingressou no país na condição de refugiada política autodeclarada. Num momento em que boa parte da opinião pública via a Venezuela como uma espécie de pária mundial, governada por ditadores, a ideia colou com facilidade. A então presidente Dilma Rousseff (2011-16), no entanto, tinha uma ótima relação com o governo venezuelano, a ponto de o *impeachment* sofrido por ela gerar um protesto oficial no país vizinho. Mesmo assim, nenhuma autoridade local checou na chegada de Mirelis se ela dizia a verdade. A tradição diplomática brasileira é acolher todos que ingressam no país se autodeclarando refugiados políticos. Jamais deportá-los de volta.

A Lei do Refúgio (nº 9.474, de 1997) é generosa com o estrangeiro. Basta a pessoa se apresentar no posto de ingresso no Brasil, mesmo sem documento, e se declarar perseguida. O ingresso é autorizado, em caráter cautelar, para garantir a segurança do imigrante. Contudo, na sequência, é instaurado um procedimento de verificação junto ao Comitê Nacional para Refugiados (Conare), do Ministério da Justiça. Mirelis, então, antes de qualquer conclusão sobre a situação declarada, mudou o status para estrangeira casada com brasileiro e garantiu a cidadania.

A nova cidadania era providencial. Na Venezuela, as coisas se complicavam para Mirelis. Em 15 de outubro de 2013, um tuíte do jornalista venezuelano Freddy Barreto, cujo perfil no X, o antigo Twitter, o identificava como repórter do *El Diario*, de Trujillo, dizia: "Nicolás Maduro, uma saudação chavista e patriótica, meu presidente. Informo que, no Facebook, há uma conta chamada assim: 'Recargas PayPal de bolívares a dólares', na qual tem algo que se pode investigar e descobrir o paradeiro de quem está por trás. Tudo isso e algumas contas bancárias saem em nome desta pessoa: Mirelis Yoseline Diaz Zerpa, Cl 16.092.802." Barreto marcou o presidente na publicação.

Na época, o PayPal, serviço que permite pagamentos on-line em qualquer parte do planeta, era um recurso muito usado por venezuelanos que queriam movimentar divisas sem as restrições do sistema oficial. Os chavistas, porém, enxergaram uma teoria conspiratória por trás do PayPal, e Mirelis não pagou para ver. Desembarcou no Brasil menos de um mês após a postagem de Freddy Barreto.

No caldeirão político venezuelano, sete meses depois da morte de Hugo Chávez e da posse de Nicolás Maduro, os chavistas promoviam uma caçada aos operadores de câmbio por acreditarem que a evasão de divisas provocada pela atividade seria uma das causas da inflação que arruinava o país. Mirelis era um dos alvos.

No Brasil, garantida pelo artigo 75, da Lei nº 6.815/80, que proíbe a extradição de estrangeiros casados com nacionais, ela não recuou. Viu no crescente turbilhão econômico de sua terra natal a oportunidade de continuar garimpando aportes para o negócio. Como o sistema de PayPal estava visado, ela passou a ser a administradora do grupo Bitcoin Venezuela no Facebook, entre 2014 e 2015, quando oferecia aos integrantes, a maioria deles venezuelana, uma via paralela de entrada e saída de capitais, temperada por taxas de juros muito acima das que o sistema financeiro pagava. Era o embrião da GAS no Brasil.

Em fontes abertas, não há sinais da vida de Mirelis na Venezuela. Em 2022, o registro dela aparecia como vencido na Superintendência Tributária e o nome também não figurava no cadastro eleitoral do país. As únicas informações disponíveis diziam respeito à mãe, Ana Erilis Zerpa Madriz, cujo endereço declarado ficava em Charallave, cidade-satélite de Caracas, com 110 mil habitantes (segundo o Censo de 2011). O último emprego de Ana Erilis foi na Indústria Cerera Peregrino.

Um especialista brasileiro em TI, que esbarrou nas operações de Mirelis em 2015, disse que a venezuelana, por ser administradora do Bitcoin Venezuela, era vista como alguém em que se podia confiar. O especialista desconfiou de que ela se valia dessa influência para captar empréstimos das pessoas que operavam no Brasil. Mirelis prometia devolver o valor em um mês, com juros. Alegava que era uma *trader*, quer dizer, comprava e vendia criptos, e o dinheiro servia para financiar operações de arbitragem.

Como os pedidos de Mirelis eram divulgados no Facebook, as pessoas que confiavam emprestavam por intermédio das plataformas BTCJam e BitLendingClub. Quando um dos empréstimos chegava perto de vencer, ela pedia novo empréstimo por intermédio de outra plataforma. A taxa de juros oferecida era variável. Ela prometia pagar entre 5% e 10% ao mês. Precisava de muitas pessoas para financiar a operação, mas não pareceu passar pela cabeça de ninguém que se tratava de uma pirâmide. Para reforçar o grau de confiança, ela alternava os pedidos com comentários sobre o mercado cripto, passando a ideia de que tinha *expertise* e de que oferecia algum tipo de consultoria e mentoria no assunto.

Mirelis geralmente operava com as corretoras especializadas SurBitcoin (Venezuela) e FoxBit (Brasil), alegando que precisava do dinheiro para fazer capital de giro. Na prática, contudo, ela não produzia os lucros alegados. Simplesmente pagava um com o recurso do outro. Depois de alertada por pessoas da própria comunidade, a BitLendingClub percebeu a artimanha e mudou a política de pedidos de empréstimos. Isso impediu Mirelis de fazer novos pedidos e, com a restrição, consequentemente, não conseguiu pagar os empréstimos em aberto — algo em torno de 300 bitcoins à época, por volta de maio de 2015 — o que então a fez submergir, dando calote nos patrícios.

Meses antes do calote, a SurBitcoin havia cobrado explicações, após constatar que a conta da venezuelana "tinha sido invadida por um estranho chamado Glaidson". Mirelis respondeu que fazia remessas entre os países, morando no Brasil, e que Glaidson, seu marido, usava a mesma conta. "A gente opera junto do Rio", alegou. E foi em frente até tudo ir abaixo anos depois.

A ousadia no golpe era camuflada pelo jeito discreto e simples de Mirelis. Ela mostrava-se atenciosa com os amigos, os empregados e a família, segundo fontes que conviveram com a venezuelana em casa. Em sua ascensão financeira, levou consigo as pessoas mais próximas, como a inseparável irmã caçula, Noiralis Zerpa. E Mirelis não se esquecia das origens: na porta de casa, no Moringa, mantinha uma bandeira da Venezuela hasteada ao lado da brasileira.

Mirelis e Noiralis se pareciam muito fisicamente e lembravam a mãe. Já adultas, usaram aparelho fixo e refizeram o sorriso. O universo das redes sociais parecia atrair ambas.

Mirelis, que já teve as contas excluídas, manteve depois outra, fechada, no Instagram, e criou em 2023 um perfil oficial verificado. Escolheu para a conta a classificação "artista". Na página, posta poemas e textos assinados por ela (com o nome ou as iniciais MD), que filosofam a respeito da vida, acompanhados de imagens de avatares criados por Inteligência Artificial (IA). Entre os destaques da página, havia um chamado Vegan, que reunia stories com receitas veganas e exaltava a opção alimentar; há outro intitulado Vida, com cenas do cotidiano — em um desses stories constava um logo que dizia *"I love USA"* e uma frase dela,

"*Muchas gracias por protegerme y abrazarme*", postado em 17 de abril de 2023, fazendo menção ao país que supostamente lhe dera abrigo.

Mirelis também criou uma conta oficial verificada no YouTube Music e no Spotify, em que se definiu como uma artista de vanguarda no meio musical, tendo lançado sua primeira faixa criada com IA em maio de 2023. A música trazia combinações de ritmos em uma batida eletrônica, uma criação de computador. Mais uma faceta de Mirelis que mostra quanto ela domina o universo digital e se dedica a criar a partir dele. Para divulgar o novo álbum, ela escolheu a famosa Times Square, um dos locais mais movimentados do mundo, localizada no cruzamento da Broadway com a Sétima Avenida, na cidade de Nova York, nos Estados Unidos. No anúncio, foi exibida uma foto do rosto da venezuelana em um outdoor eletrônico.

Ao contrário de Mirelis, Noiralis não tem status de pessoa pública, é apenas mais uma usuária do Instagram que gosta de mostrar seu dia a dia nas redes — mesmo que a página no aplicativo figure com o status de "criadora de conteúdo digital". Na conta, em 2023, ela exibia selfies, fotos dos filhos e do marido, Juan, com dizeres religiosos, trechos da Bíblia e frases de autoajuda. É possível que tivesse o sonho de ser *digital influencer*, mas as curtidas nas postagens de Noiralis revelavam estar longe disso, com uma média de até quinze *likes* por foto.

Ao navegar pelas páginas da irmã de Mirelis, ficou clara a diferença entre antes e depois de os negócios da GAS deslancharem. Em agosto de 2015, Noiralis, grávida do primeiro filho, foi ao Brasil num esquema ainda modesto. Em Cabo Frio, tirou fotos e fez vídeos com Mirelis e Glaidson, à noite, sentados em mesas e cadeiras de plástico, na praia do Siqueira. Já em 2020, postava uma vista panorâmica do mar com a legenda "Costão do Santinho", nome do resort de luxo, em Florianópolis, onde, no mesmo período, a GAS realizava o evento de fim de ano da empresa para cerca de quatrocentas pessoas.

Nos stories, publicou um vídeo em que voava de helicóptero. Nos posts seguintes, fotos deitada em uma lancha na praia do Forte, em Cabo Frio, e, mais à frente, no Museu do Amanhã, no Rio, com as hashtags #sueño, #vida e #mundo. Em 2021, ela deu mais um *upgrade* e exibiu fotos em estilo suntuoso em Angra dos Reis, em uma casa paradisíaca, em hospedagem no hotel Fasano, no Rio de Janeiro, imagens de drone que mostravam a reunião de doze lanchas no mar, imagens sobrevoando o mar de Angra, passeios de lancha com DJ e de jet ski.

Angra dos Reis e Bahia eram os destinos preferidos de Mirelis e Glaidson, que, sempre em janeiro, tiravam férias para descansar com amigos, quando desfrutavam esquemas ostensivos, como esses retratados por Noiralis em sua rede. Fontes próximas contam que Glaidson era quem gostava de esbanjar e das noitadas. Mirelis, mais reclusa, tinha por hábito fotografar paisagens e cenas da natureza com o celular. Enquanto o Faraó era acompanhado por seguranças, a venezuelana costumava dispensá-los e ia sozinha ao shopping, caminhar na orla da praia e também em ações operacionais rotineiras, como resolver assuntos no banco.

No último aniversário comemorado no Brasil, tiveram um momento mais descontraído no Moringa. Mirelis saiu de casa, de olhos vendados, abraçada e guiada por Glaidson. Cercados de amigos e funcionários uniformizados, os dois pararam na garagem e a venezuelana viu diante dela um BMW X6 M prateado, com um laço vermelho no vidro dianteiro. Na época, um zero-quilômetro custava 1 milhão de reais. *"Eso es mio?"*, perguntou. Sob aplausos, não conteve o riso diante do presente do marido.

O mesmo BMW a levou, cercada de seguranças, ao Aeroporto Internacional de Cabo Frio, no dia 23 de junho de 2021, de onde iniciou uma viagem de sete dias até a Flórida, passando pelo México, com visto de estudante em passaporte venezuelano, a pretexto de aprender inglês na Atlantis University. No embarque, a velha discrição estava de volta. Mirelis não voltaria mais ao Brasil.

6. Operação Kryptos

"Polícia Federal! No chão! No chão!"

A tensão dos agentes federais naquela manhã de 28 de abril de 2021 era justificada. Ao abordar o helicóptero Bell 429 GlobalRanger, prefixo PT-OUR, que estava prestes a decolar de um heliponto na praia da Ferradura, em Búzios, a equipe da PF esperava interceptar uma ação de lavagem do narcotráfico. Originalmente, a dica recebida dizia que a aeronave transportaria da Região dos Lagos para São Paulo 10 milhões de reais pertencentes a traficantes de drogas. Contudo, pelo olhar assustado dos dois pilotos e dos três passageiros, os oito agentes logo desengatilharam os fuzis. Nem de longe, aqueles cinco eram elementos perigosos.

A carga do helicóptero se resumia a três malas grandes, duas delas já acondicionadas na cabine. Abertas na hora, estavam abarrotadas de dinheiro. A equipe acionou as sirenes e correu para a sede da Polícia Federal, na praça Mauá, Centro do Rio, levando as malas e as cinco pessoas — dois PMs, que faziam a segurança da tripulação, se identificaram e foram dispensados pela PF em Búzios. Enquanto as cédulas eram contadas pelas máquinas, os três passageiros — dois homens e uma mulher — revelaram em depoimento que eram funcionários da GAS Consultoria Bitcoin, e o patrão se chamava Glaidson.

No fim das contas, havia ali 7 milhões de reais, dinheiro imediatamente reivindicado pelos advogados da GAS, acionados às pressas por Glaidson e Mirelis. O casal esperava esclarecer rapidamente o mal-entendido e recuperar a bolada. Esse foi o grande erro. Embora a GAS já estivesse havia tempos nos radares da PF, a apreensão do dinheiro e, posteriormente, a certeza de que pertencia ao esquema do casal, deu materialidade à investigação. O caso, no mesmo dia, foi transferido da Delegacia de Repressão a Entorpecentes para a Delegacia de Repressão à Corrupção e Crimes Financeiros (DeleCor) da PF fluminense.

Por pouco, as três malas teriam escapado, levando junto a melhor chance de desbaratar o esquema. Pela dica original, o helicóptero embarcaria o dinheiro em Cabo Frio, razão pela qual a ação da PF foi armada no aeroporto local. Entretanto, em cima da hora, o plano de voo adicionou Búzios e manteve a parada em Cabo Frio apenas para reabastecimento. Os contratantes, provavelmente, queriam escapar do aparelho de raios X no embarque. Os agentes do posto da PF na cidade correram para a torre — estavam em três viaturas — e pediram aos controladores que enrolassem os pilotos, mantendo-

-os em solo, enquanto uma parte da equipe corria pela estrada para alcançar a aeronave em Búzios e dar o flagrante.

Os 23,4 quilômetros que separam Búzios de Cabo Frio são percorridos de carro, geralmente, em quarenta minutos. Naquela manhã, os agentes conseguiram fazer em pelo menos metade do tempo. Não havia mais argumentos para manter o helicóptero em solo no aeroporto de Cabo Frio, de onde partiria para a praia da Ferradura, sem que isso alertasse os pilotos. O voo de no máximo cinco minutos à praia da Ferradura foi autorizado. Aeronave e agentes praticamente chegaram juntos. Só restava uma mala a ser carregada quando o grupo foi rendido pela PF.

Até aquele momento, a investigação sobre a suposta pirâmide erguida por um ex-garçom patinava na PF. Um procedimento aberto na delegacia de Macaé dormia em alguma gaveta da unidade. As suspeitas também eram conhecidas pela Polícia Civil e pelo Ministério Público do Rio de Janeiro (MP-RJ), mas nada avançava. As malas abarrotadas mudaram o cenário. Em maio, o então superintendente da PF fluminense, Tácio Muzzi, chamou ao gabinete um dos delegados mais promissores da equipe, Guilhermo Catramby, e passou-lhe a missão: "Quero essa operação até o dia do meu aniversário." Muzzi aniversariava em setembro.

Ao mesmo tempo que acionava os advogados para a devolução do dinheiro, Glaidson ocupava as redes sociais, depois que a informação sobre os 7 milhões de reais apreendidos vazou na mídia, para dizer aos clientes que o dinheiro não era da empresa dele. Era de "políticos". Queria tranquilizar a família GAS. Os investimentos estavam bem guardados.

Antes da apreensão, a PF sabia que representantes da GAS ofereciam ao público uma espécie de contrato de investimento coletivo, chamado "Contrato de Prestação de Serviços para Investimento em Bitcoin — moeda criptografada", por meio do qual garantiam aos clientes rendimento bruto mensal de 10% sobre o valor investido, por prazo fixo, mediante "aplicação de dinheiro brasileiro em mercado financeiro da moeda criptografada denominada bitcoin". A remuneração da GAS pelos serviços prestados seria "o valor que ultrapasse o percentual líquido auferido pelos contratantes, enquanto durar o presente contrato".

Ainda que a investigação preliminar na delegacia de Macaé não tivesse qualquer movimentação, os federais jamais poderiam alegar desconhecimento. Alguns dos próprios agentes eram clientes da GAS.

Quando ocorre uma profusão de casos semelhantes — pirâmides disfarçadas de investimentos em bitcoins —, a PF, muitas vezes, depende de um acontecimento que dê visibilidade a um dos casos para que a investigação possa avançar. Foi o que aconteceu com o caso GAS e o flagrante no helicóptero. Como havia potencial, já que a própria empresa reconhecia a titularidade dos 7 milhões de reais, sem, no entanto, conseguir explicar a origem, não foi difícil convencer o Ministério Público Federal do Rio de Janeiro (MPF-RJ) de que o caso era promissor.

Desde o início, estava claro para Catramby que a GAS e coirmãs moviam uma poderosa lavanderia. No entanto, antes de investigar a lavagem de dinheiro, o delegado precisava comprovar o crime inicial de fraude aos investidores e estabelecer a competência da PF para o caso. Duas iniciativas foram cruciais no início da investigação: acertar com o procurador da República Douglas Santos Araújo, responsável pelo caso no MPF, o auxílio do recém-criado Grupo de Atuação Especial no Combate ao Crime Organizado (Gaeco federal) e convencer a juíza Rosália Figueira, titular da 3ª Vara Federal Criminal do Rio, para onde o inquérito foi distribuído, a autorizar as primeiras medidas cautelares necessárias às investigações.

Em fevereiro de 2021, após seis anos empenhados em desmontar a organização criminosa liderada pelo ex-governador Sérgio Cabral (PMDB) no Rio de Janeiro, os procuradores da República da força-tarefa da Lava Jato haviam criado um modelo eficaz de investigação de crimes de corrupção e lavagem de dinheiro. Levaram para a cadeia praticamente uma geração inteira de políticos. Mas um ato assinado pelo procurador-geral da República, Augusto Aras, extinguiu a força-tarefa e criou no lugar dela o Gaeco federal, o que causou certa frustração.

Boa parte da força-tarefa migrou para o Gaeco, assim como o procurador da República Eduardo El Hage, ex-coordenador do grupo, que assumiu a chefia da nova unidade. No currículo dele, uma bagagem de 160 casos de corrupção investigados no Rio de Janeiro, incluídas as prisões de um ex-presidente da República (Michel Temer), um governador (Luiz Fernando Pezão) e um ex-governador (Sérgio Cabral), além do afastamento de um governador (Wilson Witzel), entre dezenas de políticos, empresários, agentes públicos e outras pessoas envolvidas em esquemas de corrupção. Aquela equipe tinha sangue nos olhos.

Quando a PF acionou o Gaeco Federal, um dos integrantes do grupo não se surpreendeu com a história. Flamenguista militante, havia combinado de assistir com um amigo a um jogo no estádio. Antes do início da partida, o amigo comentou que havia investido uma grana nas criptomoedas de Cabo Frio, "excelente negócio", que rendia infalivelmente 10% ao mês. "Por que não faz o mesmo? Dou o caminho", recomendou. Com um olhar aguçado para fraudes, o procurador desconfiou na hora. Saiu do estádio com esse assunto na cabeça.

Faltava, contudo, a matéria-prima da investigação conjunta: o acesso à movimentação milionária do esquema.

Quando já tinha toda a estrutura do golpe na ponta da língua, Catramby pediu uma reunião com a juíza Rosália Figueira. Falou durante quatro horas. Não tinha dúvida alguma de que se tratava de crime contra o sistema financeiro nacional. Portanto, tratava-se de um caso de competência da Justiça Federal. Saiu do gabinete da magistrada com as primeiras medidas cautelares assinadas. Com o avançar do inquérito, informações obtidas por meio de relatórios de inteligência financeira, quebra de sigilos fiscais e telemáticos, interceptação telefônica e medidas de busca e apreensão revelaram a magnitude daquelas transações.

A investigação apurou que o negócio movimentou, de maneira ilícita, pelo menos 38 bilhões de reais, por meio de pessoas físicas e jurídicas no Brasil e no exterior, sendo mapeadas, até 2023, atividades da organização criminosa em, ao menos, sete países: Estados Unidos, Reino Unido, Portugal, Uruguai, Colômbia, Paraguai e Emirados Árabes Unidos.

Àquela altura, as provas reunidas contra a organização eram robustas. É praxe, nesse tipo de inquérito, deixar a denúncia pronta para ser protocolada na Justiça no mesmo dia ou nos dias imediatamente seguintes à operação ostensiva — quando as equipes vão às ruas, para cumprir os mandados de prisão e de busca e apreensão. O documento de 381 páginas, assinado por nove procuradores da República, acusava Glaidson, Mirelis e mais quinze pessoas[18] pelos crimes de organização criminosa; operação de instituição financeira sem autorização; gestão fraudulenta; e emissão, oferecimento ou negociação irregular de valores mobiliários no período de 2017 a agosto de 2021.

A linha de frente da pirâmide era composta pela GAS Consultoria & Tecnologia, GAS Assessoria & Consultoria Digital e MYD Zerpa. Os procuradores explicaram que a arquitetura do modelo criminoso, idealizada pelo casal, tinha como pilar uma extensa rede de pessoas físicas e jurídicas que, sem vínculos contratuais ou empregatícios com o casal, atuava para obter e gerir recursos de terceiros. Por ser primordial ao esquema, a garimpagem de clientes gerou um plano de carreira interno,[19] no qual a remuneração aumentava

---

18. Além de Glaidson dos Santos e Mirelis Zerpa, foram denunciados o consultor Michael Magno, os sócios-administradores Felipe Novais, Kamila Novais, Tunay Lima, Márcia dos Anjos, Vicente Gadelha, Andrimar Vergel, Paulo Lana, Kelly Lana, João Marcus Dumas, Larissa Dumas, Guilherme de Almeida, Alan Soares e Diego Vieira, bem como a esposa, Mariana Cordeiro, que auxiliava na ocultação e dissimulação de valores.

19. De acordo com a denúncia, foi possível identificar pelo menos quatro cargos: (1) sócios, (2) sócios-administradores, (3) associados e (4) consultores.

a cada nível e se dava por participação nos lucros, ou seja, um percentual sobre os contratos firmados.

Dentro desse plano, Glaidson e Mirelis eram responsáveis pela gestão estratégica e financeira do negócio; sócios-administradores, responsáveis por bancas que funcionavam de maneira similar a uma filial ou um franqueado; associados prestavam apoio direto aos sócios; e aos consultores competia a prospecção e a assistência direta de clientes, bem como o tratamento de toda a burocracia inerente aos contratos, da assinatura ao resgate.

Cabia ao casal coordenar as atividades a serem desempenhadas pelos demais membros da organização, criando normas sobre sua estrutura e funcionamento, definindo estratégias e metas para as equipes, controlando desempenho e prazos e até mesmo aplicando sanções. O único cuidado em driblar as autoridades aparecia no modelo contratual de captação de recursos, cuja redação foi mudando de 2017 a 2019,[20] para descaracterizá-lo como modalidade de contrato de investimento coletivo, uma vez que esse tipo de instrumento requer autorização expressa da Comissão de Valores Mobiliários (CVM), sem a qual o documento é considerado irregular.

Os clientes, ao receberem os 10% sempre em dia, nunca se preocuparam em conferir a saúde financeira da empresa. Acreditavam que o rendimento era, segundo a GAS, fruto exclusivamente das operações com bitcoins. As investiga-

---

20. Os contratos de investimento receberam, em 2018, o nome de "contrato de prestação de serviços para investimento em Bitcoins — moeda criptografada" e, em 2019, finalmente foram nomeados de "contrato de prestação de serviços para terceirização de trader de criptoativo".

ções revelaram que o argumento era um ardil. Não havia balancetes e demonstrativos nesse sentido. Extratos, comprovantes, notas fiscais e outros tipos de documento contábil, nem pensar. A segurança dependia apenas da palavra dada, da relação de confiança entre a GAS e os clientes.

Quando a empresa precisava fazer algum esclarecimento público, especialmente depois que cresceram as suspeitas sobre a operação, os gestores apelavam para termos rebuscados. Uma "nota de esclarecimento" do "departamento jurídico" da GAS garantiu, em 2021, que a empresa conseguia honrar o compromisso de 10% fixo por mês porque, "em se tratando de criptoativos, correlacionados a uma vasta *expertise*, *setup* operacional adequado e um *mindset* equilibrado, é possível propor, operar e honrar com um compromisso fixo proposto em contrato, pois a empresa filtra os riscos para o cliente final".

Os termos da nota não esclareciam absolutamente nada sobre as aplicações financeiras e se destinavam a conferir certo verniz corporativo ao sistema mantido pela empresa. Igualmente suspeita, sustentou o MPF, era a forma com que a organização recebia os depósitos dos investidores. Como o contrato firmado não indicava a forma de depósito no empreendimento, eram depositados ora nas contas bancárias da empresa GAS, ora entregues em dinheiro aos consultores, ou, ainda, depositados na conta pessoal do próprio Glaidson.

Áudios encontrados com o afastamento do sigilo telemático demonstraram que Glaidson e os demais denunciados sabiam que o negócio requeria a autorização do Banco Central e da CVM, mas faziam vista grossa para a exigência.

Tudo andava bem na investigação, rumo a um desfecho efetivo, até surgirem os primeiros contratempos. No dia 23 de junho de 2021, uma equipe da PF teve de acompanhar de braços cruzados o embarque de Mirelis para os Estados Unidos. Como a operação ainda não estava madura e a Justiça nem sequer havia deferido as medidas cautelares, a venezuelana passou sem problemas pela Imigração.

A frustração dos policiais era indisfarçável, movida pela suspeita de que Mirelis havia fugido, tão logo percebeu que, em algum momento, seria alcançada pelas autoridades brasileiras. O sinal de alerta teria sido a apreensão dos 7 milhões de reais no helicóptero em Búzios. Ela era esperta e já fugira antes do país de origem. É provável que tenha estranhado a não devolução do dinheiro e o silêncio que se seguiu à investida da PF na aeronave.

Antes de lançar uma operação ostensiva, com prisões e apreensões, os investigadores precisavam resolver um problema: ninguém na PF ou no MPF entendia de criptomoedas, exchanges, *wallet* (carteira virtual, *pen drive* ou dispositivo *offline* que guardam as informações que dão acesso às criptomoedas adquiridas) e blockchain, a ponto de neutralizar manobras evasivas dos golpistas. Era preciso contar com um aliado que fizesse frente aos integrantes da organização criminosa no universo cripto. É nesse momento que entra em cena a procuradora da Fazenda Nacional Ana Paula Bez Batti, vista pelos investigadores como uma das poucas autoridades públicas com experiência acumulada no enfrentamento de criptopirâmides.

Pós-graduada em Direito Constitucional, integrante da coordenação da primeira plataforma brasileira para investigação de ativos virtuais, o site BlockSherlock, e do Fórum de Combate à Corrupção e Lavagem de Dinheiro de São Paulo e representante da Procuradoria da Fazenda Nacional na Estratégia Nacional de Combate à Corrupção e à Lavagem de Dinheiro (Enccla), Batti tinha ainda na bagagem a participação em força-tarefa do Ministério Público de São Paulo (MP-SP) que envolvia grandes apreensões.

O MPF e a Procuradoria da Fazenda Nacional tiveram de fazer um acordo de cessão para transferir a procuradora para o Rio, onde transcorria a operação ostensiva. Assim, podia-se contar com Batti nas buscas e apreensões. E, especialmente, para que ela chegasse antes dos golpistas aos cofres virtuais onde os bilhões investidos pelos clientes da GAS estavam escondidos. O primeiro passo, já por recomendação de Batti, foi abrir uma conta em nome do MPF em uma corretora de bitcoins, para assegurar o resgate e a guarda automática das moedas digitais.

Mesmo sem ter apresentado a tempo toda a documentação necessária, o MPF conseguiu, com o auxílio da procuradora, criar a própria conta. Desde cedo, o temor de Batti era de que os golpistas, com o barulho da imprensa no início da operação, pudessem ser mais rápidos e sumir com o dinheiro.

Na noite de 15 de agosto, Glaidson virou um personagem nacional. Foi uma das figuras centrais da reportagem "Empresas de bitcoins são investigadas por golpe na Região dos Lagos", exibida pelo programa *Fantástico*, da Rede Globo. Pela primeira vez, a figura corpulenta do CEO, feliz dentro de uma lancha, aparecia associada a um provável esquema de pirâmide. No entanto a reportagem, de cerca de oito minutos,[21] misturava a GAS com outras empresas suspeitas, também sediadas em Cabo Frio.

No domingo seguinte, no desdobramento do caso, o foco da reportagem foi, exclusivamente, Glaidson. O *Fantástico* revelou que o dono da GAS Consultoria Bitcoin, "a empresa com o maior número de investidores na cidade", estava sendo investigado por lavagem de dinheiro. A repórter Lívia Torres disse que, além de não encontrar sites ou redes sociais da GAS, constatou que o telefone disponível da empresa na Receita Federal não funcionava. Glaidson, segundo ela, chegou a marcar uma entrevista, mas não apareceu. Depois, afirmou que mandaria uma nota, mas também não se pronunciou por escrito.

As reportagens atrapalharam o calendário da PF. Com o barulho criado pelo programa da Globo, era preciso acelerar o trabalho. Escutas telefônicas revelariam, mais tarde, que os sócios de Glaidson redobraram os cuidados depois do *Fantástico*, quando passaram a falar por códigos e a evitar o armazenamento de grandes quantidades de dinheiro. O pior, contudo, surgiu no grampo do celular de Michael Magno, consultor da GAS conhecido como "corretor das estrelas". Pelos diálogos gravados, os policiais tiveram a certeza de que Glaidson fugiria para algum país do Mercosul.

O passaporte do CEO da GAS se encontrava retido no consulado americano, a pedido da PF e do MPF. Glaidson

---

21. Disponível em: www.globoplay.globo.com/v/9771335/. Acesso em: 15 ago. 2021.

aguardava o visto para ir ao encontro da mulher nos Estados Unidos. A alternativa cogitada pela organização criminosa era levar o chefe para algum país do Cone Sul, onde a única exigência da Imigração é a carteira de identidade, e lá pedir um novo visto ao consulado americano local. A PF já havia perdido Mirelis, não podia agora perder Glaidson.

Batizada de "Kryptos", a operação foi antecipada de setembro — a data exata não chegou a ser definida — para 25 de agosto de 2021. Uma semana antes, numa jogada de risco, a PF decidiu chamar Glaidson para prestar depoimento. Ao recebê-lo com cordialidade e perguntas triviais, pretendia tranquilizá-lo. A estratégia deu resultado: o ex-garçom parecia à vontade no gabinete de Catramby, a ponto de brincar ao ver uma bandeira do Flamengo na mesa — "Também sou Mengão" — e chamar o delegado e o escrivão de "autoridades".

"Que nada. Autoridade aqui é o senhor", rebateu Catramby.

Novos problemas apareceram. A PF teve de apressar a logística, por isso deslocou, principalmente de Minas Gerais, os agentes que executariam os mandados — para evitar vazamentos, preferiu não acionar os policiais do Rio, alguns deles clientes da GAS. Rosália Kamila Figueira, a titular da 3ª Vara, estava de férias. Em seu lugar, o juiz Vitor Valpuesta pediu tempo para ler o inquérito antes de despachar as medidas cautelares — sete prisões preventivas,[22]

---

22. Eram alvos do pedido: Felipe José Silva Novais, Glaidson Acácio dos Santos, Kamila Martins Novais, Márcia Pinto dos Anjos, Mirelis Yoseline Diaz Zerpa, Tunay Pereira Lima e Vicente Gadelha Rocha Neto.

duas prisões temporárias[23] e quinze mandados de busca e apreensão.

Tempo era tudo o que a PF e o MPF não tinham. O ponto de maior tensão, na véspera da Kryptos, era o casal Tunay Pereira Lima e Márcia Pinto dos Anjos. Figuras centrais no esquema, eles embarcariam, na madrugada do dia 25, com destino a Punta Cana, na República Dominicana, para o congresso da GAS. Lá já estava Vicente Gadelha Rocha Neto, outro alvo e, portanto, também desfalque certo na lista de presos.

O juiz passaria o dia em audiências e só poderia decidir sobre os pedidos à noite. O timing era arriscado. À noite, o casal já estaria no Aeroporto Internacional de Guarulhos, aguardando o embarque marcado para as duas horas da madrugada.

O delegado estava de olhos colados na caixa de correio eletrônico. Vitor Valpuesta só assinou os mandados às 23h30. O sistema eletrônico ainda precisou de algum tempo para remeter os mandados assinados para o e-mail do delegado. À 1h17 do dia 25, as medidas finalmente chegaram. "Podem agir", determinou Catramby aos agentes que estavam à espreita de Tunay e Márcia em Guarulhos. A orientação era evitar, em um primeiro momento, o anúncio da ordem da prisão. Isso porque os dois presos teriam direito a acionar os advogados, ainda de madrugada, colocando em risco o sigilo da operação, prevista para as seis da manhã.

Ao vasculhar as bagagens, enquanto enrolava o casal, os agentes encontraram quantidade de dinheiro acima do limite

---

23. De Arthur dos Santos Leite e Guilherme Silva de Almeida.

permitido. Foi um lance de sorte. A PF deu voz de prisão por evasão de divisas, sem revelar a Kryptos. Eles foram conduzidos para a delegacia da PF no aeroporto. Catramby, mais calmo, conseguiu dormir meia hora. Seria o máximo de sono que ele teria naquela noite.

A começar pela prisão de Glaidson, na Barra da Tijuca, não foi difícil alcançar os alvos. Eles reagiram à chegada da PF com olhos assustados, gestos trêmulos e, em alguns casos, com lágrimas, como ocorreu com o dono da GAS. Não houve resistência alguma. O problema não era esse. Como não houve tempo para treinar o pessoal sobre o ambiente cripto, para que cada um soubesse o que fazer no dia da operação, a PF esperava contar com a ajuda presencial da procuradora da Fazenda Nacional Ana Batti. Entretanto, com a antecipação, não foi possível providenciar uma passagem para ela.

Avisada por um dos coordenadores da Kryptos, Batti se dispôs a dar suporte remoto, de São Paulo.

"Precisamos fazer a transferência de criptomoedas simultaneamente ao cumprimento do mandado. Caso contrário, eles vão transferir tudo para outras carteiras e impossibilitar qualquer apreensão", alertou a procuradora.

E foi assim, com Ana Batti orientando a distância, enquanto procuradores da República e agentes federais vasculhavam tudo, à procura de criptomoedas, que a operação achou as duas primeiras carteiras, com 591 bitcoins. "Pega o celular, o computador, abre o arquivo e me diz o que está escrito aí", orientava. À medida que as criptos eram encontradas, a equipe fazia imediatamente a transferência para a conta do MPF aberta na corretora especializada.

No balanço final, a operação contabilizou cerca de 147 milhões de reais[24] em bitcoins confiscados. Também apreendeu na casa de Glaidson 15,3 milhões de reais em espécie, entre notas de real, dólar e euro, além de joias e barras de ouro. Foi necessário acionar um carro-forte da Caixa Econômica Federal (CEF) para transportar os valores.

No dia 25 de agosto de 2021, a equipe de policiais federais cumpriu o mandado de busca e apreensão na casa de Tunay e Márcia, no condomínio Del Lago, na Barra da Tijuca, Zona Oeste do Rio de Janeiro, durante a Operação Kryptos, e encontrou ali malas de dinheiro, carros, motos e bicicletas, todos bens de alto padrão. No segundo andar da casa, havia duas portas com fechaduras biométricas. As salas guardavam 14 milhões de reais em espécie (cédulas nacionais e estrangeiras) e uma pistola TH 40. Parte do dinheiro estava embalada em invólucros separados com etiquetas, que continham a identificação do cliente, do consultor responsável pela intermediação, o valor investido e a data.

Esse fato revelou aos investigadores que os valores colhidos pelos consultores não eram, de fato, investidos em criptomoedas, mas destinados à sustentação da pirâmide. Em outras palavras, o dinheiro que entrava era repassado aos investidores, como falso rendimento, para honrar os compromissos mensais do contrato.

Dias depois da prisão do casal Tunay e Márcia, na madrugada de 25 de agosto, no aeroporto de Guarulhos (SP),

---

24. Cotação do dia 25 de agosto de 2021.

pouco antes da decolagem da aeronave para a República Dominicana, a criminalista Juliana Bierrenbach foi acionada por Rejane Nogueira Laport, contadora do grupo e amiga íntima de Márcia, para assumir a causa. Em outubro do mesmo ano, a advogada a conheceu pessoalmente no parlatório da cadeia — o presídio Santo Expedito, no lado de fora do Complexo de Gericinó — e ficou com uma forte impressão.

A advogada percebeu que Márcia, que estava completando quase dois meses de prisão, conservava a pele bem tratada, as sobrancelhas feitas — mas estava desesperada. Se sentia abandonada por Tunay. Chorando muito, disse que a comida era azeda e estava tendo de tirar larvas da água para beber.

"Neste momento, lembro bem, ela imitou segurar um copo com a mão e tirar algo da água com a outra. Situação muito degradante."

De acordo com a advogada, Márcia tinha saído de Benfica e estava em Bangu, numa cela com doze traficantes, mas iria para uma com sessenta outras detentas. Estava bastante amedrontada e deslocada. Dizia não saber como interagir com presas que falavam sobre "matar homens, ser sapatão, traficar". Tunay estava na mesma unidade de Glaidson, Bangu 8.

Pela primeira vez, as autoridades conseguiram implodir uma pirâmide de criptomoedas antes que ela ruísse sozinha. O sucesso só não foi absoluto porque Mirelis, mesmo foragida, conseguiu ser mais rápida. Com apenas as chaves de acesso nas mãos e uma conexão de internet, foi capaz de fazer o saque bilionário, horas depois do início da operação, em bitcoins do esquema — outros saques aconteceriam nos anos seguintes. Os valores desapareceram junto com ela. Mais uma vez, a venezuelana se provava não apenas resiliente, como também mais esperta que as instituições oficiais.

7. Os apóstolos e a missão GAS

Tunay Pereira Lima tentou alguns caminhos para progredir na vida. Foi operador de telemarketing, fez serviços de carreto, experimentou também a carreira de corretor de imóveis, mas a renda mensal não passava de 2 mil reais. Tinha 21 anos em 2014, quando conheceu Glaidson Acácio dos Santos, na catedral de Del Castilho, Zona Norte do Rio, nos cultos da Igreja Universal do Reino de Deus. O vínculo dos dois começou ali, aos pés do altar. A afinidade foi instantânea. Dez anos mais velho, Glaidson acabava de chegar ao Brasil, depois de cumprir missão pela Universal na Venezuela e na América Central. Ambos se identificaram pelas frustrações e pelos bolsos vazios.

Glaidson, porém, encontrara uma saída quando a esposa lhe apresentou ao mundo dos bitcoins, e o negócio do casal começava a dar resultados. Por que o irmão de fé não vinha junto? Para um órfão desde criança, criado pelas tias, estava na hora de deixar aquela vida de dificuldades. Não demorou muito para Tunay jogar tudo para o alto e atender ao chamado.

Com o sim de Tunay, o futuro dono da GAS Consultoria Bitcoin começaria a montar, diante do mesmo altar, um núcleo de colaboradores.

Primeiro, eles assumiram o papel de consultores autorizados. Depois, se tornaram sócios. No entanto, a relação desse grupo inicial com Glaidson não parecia se limitar aos negócios. O apelo religioso que os unia e o discurso afinado, fortemente influenciado pelas ideias do líder, lhes davam ares de apóstolos.

A denúncia contra a organização criminosa encabeçada pela GAS, por crimes contra o sistema financeiro nacional, listou quinze acusados de atuar com Glaidson e Mirelis na construção da pirâmide que enganou 127 mil clientes. A maior parte deles fiéis da Igreja Universal e da Região dos Lagos, como Tunay, que viram no ex-aspirante a pastor a redenção para uma vida de sacrifícios.

Um detalhe entre os sócios e sócios-administradores fazia da organização de Glaidson e Mirelis um grupo singular: dez deles formavam casais. Era o resultado da intensa convivência no ambiente pentecostal. Todos compartilhavam os mesmos princípios propagados na Igreja Universal, que viam a família e o matrimônio como pilares. Assim, havia um senso de identidade que se misturava com o propósito da empresa e o papel que desempenhavam ali.

Casais como Tunay e Márcia, Felipe e Kamila, Vicente e Andrimar ingressaram na primeira formação do esquema. Com o aumento do número de contratos e a necessidade de expandir a empresa e ampliar a base de arrecadação, Glaidson fez alianças e reuniu mais pessoas para trabalhar, diversificando o grupo. Segundo algumas fontes, isso causou certa animosidade entre os integrantes da igreja e aqueles que chegaram de fora, que tinham outros comportamentos e valores. Algo começava a se perder ali, na visão de alguns sócios.

O braço direito

A ligação entre Glaidson e Tunay transcendia a sociedade empresarial. Em 2017, eles se tornaram também vizinhos em um prédio na rua Omar Fontoura, no bairro do Braga, em Cabo Frio. Tunay foi o primeiro a comprar, em maio de 2016, um apartamento de 191,57 metros quadrados, por 584 mil reais, no condomínio Chateau Bellevue. No ano seguinte, Glaidson comprou uma cobertura de 111,74 metros quadrados no mesmo edifício. Para eles, era uma ascensão ter um imóvel próprio, com varanda, no bairro do Braga, a 700 metros da praia das Dunas, extensão da praia do Forte, a dez minutos de caminhada, em um edifício com apenas 36 apartamentos, piscina, sauna, espaço de festas, churrasqueira, salão de jogos e área de lazer para crianças.

Com um trabalho de captação de clientes consolidado nos templos, era hora de partir para voos mais altos. E Búzios, ao lado, era a nova Terra Prometida. Para receber os potenciais clientes e convencê-los a investir, a dupla alugou a garagem de uma casa no balneário. O imóvel pertencia a Márcia Pinto dos Anjos, viúva de um empresário de moda, e à filha do casal. Além da casa, o marido deixou um apartamento em um condomínio da orla da Barra da Tijuca, no Rio, e uma expressiva quantia em dinheiro. Ao ouvir o animado Tunay pregando sobre as maravilhas do bitcoin, capaz de operar milagres financeiros, ela se encantou. Não apenas pela moeda digital, mas pelo orador de olhos cintilantes e firmeza na voz.

A decisão de investir as economias na GAS e de iniciar um relacionamento amoroso com Tunay, vinte anos mais novo, afetou a relação de Márcia com parentes e amigos. Alguns deles chegaram a levantar a Folha de Anotações Criminais (FAC) de Tunay nos órgãos de segurança, em busca de motivos que a levassem a desistir do projeto. Alertaram que, num possível fracasso do investimento, a filha também seria prejudicada. Foi inútil.

O negócio passou a prosperar tanto que de cliente Márcia virou sócia, esposa de Tunay e conquistou um rápido crescimento patrimonial. Em dezembro de 2019, ela recebia 2.300 reais mensais como vendedora. Dois meses depois, declarava uma renda de 200 mil reais. Em março de 2020, ela adquiriu um apartamento de 1 milhão de reais em Cabo Frio. Em maio, foi a vez de uma Range Rover Sport, comprada por 522 mil reais. As pessoas próximas, que a questionaram sobre a possibilidade de golpe nos contratos com a GAS, passaram a investir com ela.

O dinheiro corria fácil com a chegada de mais clientes. Logo, o casal passou a viver uma rotina milionária. Olhos claros, cabelos longos levemente ondulados, sempre bem-vestida, Márcia já frequentava as altas-rodas desde os tempos em que o ex-marido era dono de uma grife conhecida. Tunay não tinha a mesma desenvoltura, mas a aparência, um pouco calvo, testa larga, com expressão serena, ajudava na construção de uma dupla de sucesso, refinada, que abria as portas da prosperidade para a clientela.

Em 2015, Tunay comprou um imóvel na Glória, no Rio de Janeiro, por 655 mil reais — deu como entrada o dinheiro que havia economizado como corretor de imóveis e o restante, 323 mil reais, financiou junto à Caixa Econômica Federal, em 420 prestações. Em março de 2020, quando já fazia parte do esquema, ele comprou por 5,7 milhões uma mansão no condomínio Del Lago, na Barra da Tijuca. Entre 2019 e 2020, o casal adquiriu duas lanchas, uma no valor de 1,1 milhão de reais e outra por 920 mil reais. Gostavam também de carros, gastando em torno de 500 mil reais com eles, e de bolsas femininas e masculinas que custavam entre 15 e 19 mil reais — cada uma.

Não havia ali nenhum milagre. Com o correr dos anos, Tunay e Márcia se tornaram figuras centrais na GAS e passaram a concentrar grande parte dos lucros do negócio. Ele virou o braço direito de Glaidson, principal sócio e canal de movimentação de dinheiro, faturando com a empresa Consultoria Lima, constituída em maio de 2018, com sede na Barra da Tijuca, no Rio de Janeiro. Na planilha de movimentação dos sócios do esquema, encontrada na análise do iCloud de Mirelis, os investigadores constataram quase 1 bilhão de reais de transferências de valores realizadas por Tunay.

Junto com o marido, Márcia engordou o patrimônio dela e constituiu uma empresa intermediária, necessária para o funcionamento do esquema, a Consultoria dos Anjos. Ela recebeu de Glaidson ou da GAS mais de 34 milhões de reais entre 2018 e 2020. E mais de 77 milhões de reais saíram das contas do Faraó ou da GAS para as contas de Tunay entre 2017 e 2020. Esses valores não incluíram os créditos que foram para as contas das empresas em nome de Tunay nem para as de Márcia, ou seja, os valores que envolviam o casal no esquema chegavam a quantias estratosféricas.

Os dois eram responsáveis por um dos maiores escritórios da GAS, montado num dos edifícios comerciais mais luxuosos da Barra da Tijuca, no Rio de Janeiro. A estrutura das salas era de alto nível. O escritório ocupava doze salas (dez no bloco 7 e duas no bloco 1), três delas para a diretoria — uma para Glaidson (Diretoria 1), uma para Tunay (Diretoria 2) e outra para Márcia —, além de salas de reunião e para o pessoal administrativo.

Os itens mais valiosos de uma lista extensa de bens, como lanchas e carros importados, foram adquiridos mediante o uso de cartas de crédito de consórcios diversos. Esse era o esquema da dupla para lavar o dinheiro e reintroduzi-lo na economia. Segundo as investigações, essa jogada é conhecida como *smurfing*, um tipo de branqueamento que consiste em fracionar as operações financeiras para diluir o montante total e burlar normas de comunicação compulsória, obrigatórias por lei.

O casal, para não chamar a atenção, engordou o patrimônio com a aquisição de 44 cartas de consórcio de carros e motos, em fevereiro de 2020. No mês seguinte, fez lances no valor total de 2 milhões de reais, quitando de uma só vez 27 dessas cartas. Em junho do mesmo ano, quitou antecipadamente mais dezesseis dessas cartas por 1 milhão de reais. Essa forma de aquisição de bens de alto valor, escondidos atrás de cartas de consórcio que não envolvem desembolsos elevados, não ocorreu apenas nas aquisições de Tunay e Márcia — era algo comum a alguns sócios de Glaidson.

As cartas de consórcio, uma vez quitadas, viram cartas de crédito e podem servir para aquisição de qualquer tipo de bem, não apenas do objeto do contrato. A Lancha Fibrafort Focker-F420 Gran Coupé, um dos bens adquiridos por esse esquema, aparece em sites de venda como uma "verdadeira mansão em alto-mar". Com 42 pés, tem capacidade para pernoite de quatro pessoas em duas cabines, mas pode levar a bordo até catorze pessoas.

Em junho de 2019, Márcia vendeu um apartamento, deixado pelo marido na Barra da Tijuca, por 2,2 milhões de reais. Pessoas próximas contaram que ela investiu todo o dinheiro em bitcoins. De acordo com notas fiscais, o endereço dela passou a ser uma casa no condomínio de alto luxo Quintas do Rio, também na Barra, alugada em março de 2019, pela empresa de Tunay, por 142 mil reais mensais. Em março do ano seguinte, o casal deixou a casa alugada para morar em uma casa no condomínio Del Lago, adquirida por 5,7 milhões de reais.

Outra prática de Tunay era colocar parte dos rendimentos dele como lucros e dividendos da própria empresa e, com isso, escapar dos tributos do Imposto de Renda e pagar valores irrisórios, já que a empresa estava na categoria Simples Nacional. Márcia repetiu a artimanha ao declarar, em 2020, 2,1 milhões de reais como lucros e dividendos, sendo 1,8 milhão da empresa de que era dona e 332 mil da empresa Markasol Administradora Ltda.

Enriquecer sem obrigação tributária fazia parte da teologia dos apóstolos.

Do universo das drogas e da miséria a dono de empresa em Dubai

Assim como Glaidson, o paraibano Vicente Gadelha Rocha Neto, um dos sócios da GAS, viveu os extremos na vida, da fome e miséria à abundância e riqueza. Tendo a religião evangélica como o norte na trajetória, ele aprendeu, ao ingressar na Igreja Universal, o valor do sacrifício. Para ele, a transformação começou quando passou a frequentar o templo, em Cabo Frio.

"Minha vida era destruída, na miséria, devendo, viciado em drogas. Não era feliz no amor, vida sentimental destruída, tinha várias mulheres. Cheguei na igreja no fundo do poço, nem minha família tinha esperança em mim. Era um caso perdido", disse em depoimento ao programa Fogueira Santa, da Igreja Universal, publicado no YouTube em 20 de junho de 2014 — portanto, antes de se associar a Glaidson.

"O pastor falava que para alcançar as coisas de Deus a gente tinha que sacrificar." Na época, ele vendia rede na praia e percorria a região, quando visitava outras cidades, como São Pedro da Aldeia. Poupava quase todo o dinheiro que ganhava para doar à igreja — andava a pé, para não gastar com passagem, carregando as redes nas costas, e substituía o almoço por biscoitos e pão. "Eu colocava tudo no envelope para não gastar, não tocar no sacrifício."

No início, doava tudo que tinha, 800 reais, um mês inteiro de trabalho, e as economias. Depois, chegou a doar um carro, contou.

"Meu maior sacrifício, primeiro, foi um carro, depois foi a loja, fiz já de 10, 12, 5 mil", disse ele, lembrando-se de quando fechou uma boa loja de componentes de telefone celular, no Centro da cidade, para doar à igreja. "Eu ia sacrificar 4 mil reais, mas Deus falou: eu quero esse valor e mais a loja."

Em Cabo Frio, ele conheceu a esposa, a também venezuelana Andrimar Morayma Rivero Vergel. Ao passar pela orla com as redes nas costas, certamente cruzava algumas vezes com Glaidson, garçom do Quiosque da Carmen, na praia do Forte. Eles, no entanto, ficaram amigos nos templos evangélicos. Glaidson o convenceu a entrar nos negócios e ajudar a montar as bases da GAS. Dos sócios, ele era um dos que comungavam com os ideais e a forma de pensar propagados pela Igreja Universal, acreditava no sacrifício de bens como prática essencial para prosperar na vida.

Em depoimento ao pastor, no programa Fogueira Santa, Vicente contou que estava em um momento feliz, com a vida equilibrada. Tinha se casado havia oito meses com "uma esposa de Deus" e a vida financeira tinha dado uma guinada. "Deus abriu minha visão. Estou com duas lojas. Agora tenho casa e moto. Deus me pediu a moto, não era nem Fogueira Santa, e eu fui lá e sacrifiquei a moto. À noite, na igreja, o cara vendeu a casa para mim. Já conquistei minha casa. O sacrifício é o caminho. Se você quer conquistar coisas grandes, não tem outro meio a não ser o sacrifício."

A vida social de Vicente e Andrimar girava em torno dos eventos ligados à igreja e ao repertório de fé e sacrifícios. Como sócio da GAS desde 2018, ele acrescentou ao discurso religioso o fator bitcoins, e defendia que, para crescer, era preciso se aventurar no mercado de investimentos em criptomoedas.

Essa combinação de fé e bitcoins era para Vicente a responsável por todas as maravilhas materiais que tinha conquistado, a fortuna que ele nunca esperou ganhar na vida. Para o auxiliar de escritório na Câmara Municipal de Cabo Frio, emprego que teve até agosto de 2016, com salário mensal de 2 mil reais, se alguém contasse que, em alguns anos, entre 2018 e 2020, ele receberia na conta pessoal 37 milhões de Glaidson e teria empresas, e uma delas receberia também do Faraó 92 milhões de reais no mesmo período, tudo isso seria motivo de piada. Sobretudo tendo em vista os problemas que tivera com as autoridades no passado.

Em janeiro de 2015, Vicente foi preso em flagrante pelo crime de descaminho. Ele e mais dois cúmplices transportavam mercadorias do Paraguai sem nota fiscal — perfumes, cosméticos, relógios, aparelhos sonoros, acessórios eletrônicos, telefones celulares, aparelhos GPS, baterias e carregadores, antena de TV, radiorreceptor AM/FM e garrafas de uísque. O episódio revela que, naquela época, já havia em Vicente a escolha de burlar o sistema para ganhar nos negócios. O processo foi decidido pela 2ª Vara Federal de Osasco (SP), e Vicente conseguiu a liberdade provisória com pagamento de fiança, mas teve o passaporte apreendido e o direito de ir e vir no país suspenso por dois anos.

Anos à frente, no auge dos negócios com bitcoins, ele se lembrava do passado de dificuldades como uma provação de Deus, que, no momento certo, depois de muitos sacrifícios, agiu na vida dele com a chegada da GAS. Foi aí que ele e Andrimar passaram a viver o sonho da prosperidade. Pela primeira vez, o vendedor de redes que corria as praias da Região dos Lagos sentiu o gosto do que chamava de realização profissional. Ele não só tinha uma função importante no esquema, como também ganhava alto para isso.

Vicente foi o responsável pela expansão dos negócios no nordeste do Brasil, montando lá a estrutura dos escritórios. Em 2018, em João Pessoa, na Paraíba, gastou 37 mil reais com porcelanato, móveis e materiais para abrir uma filial da GAS na cidade. Em 2020, estabeleceu o escritório de Natal, no Rio Grande do Norte.

Além do Nordeste, o casal traçou a rota de expansão da empresa rumo a Dubai, nos Emirados Árabes. Foram cinco viagens para lá. Em uma delas, em junho de 2021, foram parados pela Imigração, no Aeroporto Internacional de Guarulhos, em São Paulo. Não foi por acaso. A PF já estava acompanhando o desembarque dos dois, buscando o rastro de outros envolvidos no esquema da GAS que pudessem estar viajando com eles. Ao ser questionado sobre o motivo da viagem, Vicente disse que teria viajado para comprar um imóvel em Dubai, onde, de acordo com as investigações, ele tinha contas correntes abertas nos bancos First Abu Dhabi Bank e Emirates NBD Bank.

Vicente ficou incomodado com a fiscalização, segundo o relatório da PF. Quando perguntado sobre o trabalho que exercia, mostrou conhecimento do mercado de criptoativos e ainda tentou convencer os policiais de que se tratava de investimento altamente rentável e seguro. Afirmou que os ativos em criptomoedas que ele movimentava não ficavam custodiados em corretoras, mas armazenados em *hardware wallets*,[25] guardados em um cofre por questões de segurança. Mesmo em um momento que seria de tensão, ele tentou plantar o sonho de milhões no imaginário dos policiais. Em vez de medo e insegurança, a ambição e a sensação de estar imune a qualquer perigo, movida pela soma de dinheiro com que lidava, deixaram Vicente confortável o suficiente para tentar, quem sabe, fechar mais um contrato para a GAS. Talvez o vício em ganhar dinheiro como vendedor de sonhos tivesse lhe subido à cabeça, dando a ele, ao CEO da empresa e aos envolvidos um ar de invencibilidade.

Vicente saiu da experiência na Imigração brasileira com a desconfiança de que fora parado pelos policiais por conta de algum resquício dos anos em que tivera o passaporte suspenso. Tanto que, por meio de um advogado, requisitou à 2ª Vara Federal de Osasco (SP) que emitisse um comunicado à PF no qual dizia que o passaporte estava regularizado desde

---

25. *Hardware wallets* ou *cold wallets* são dispositivos externos, similares a pen drives, que armazenam a chave privada das criptomoedas em dispositivos. Não só o portador pode carregá-lo no bolso, como as informações permanecem fora do ambiente da internet e desvinculadas de qualquer corretora de criptomoedas.

2019, por decisão do juiz, que entendeu, na época, que ele não oferecia riscos de fuga do país ou de cometer outros crimes de descaminho.

Em 2021, o juiz atendeu à requisição de Vicente e enviou um ofício à PF determinando a exclusão de alerta em seu nome junto ao sistema migratório, para que ele não tivesse nenhum problema na próxima viagem, que ocorreu em julho do mesmo ano, ao Panamá, país reconhecido pela União Europeia como paraíso fiscal, e à Venezuela, terra natal da companheira.

Entretanto, quando embarcavam para Punta Cana, na República Dominicana, a caminho do encontro de compliance da GAS, Vicente e Andrimar foram novamente parados pela fiscalização da Polícia Federal, ainda no Brasil. Ao serem abordados, declararam que a viagem havia sido oferta da empresa em que trabalhavam como consultores financeiros. Durante a inspeção, a PF encontrou diversos cartões bancários com sede no exterior, em nome dos dois, e um talão de cheques do Banco Emirates NBD, em nome de Vicente. Eles informaram ter visto de residência nos Emirados Árabes por serem donos de empresa financeira no país. Cada um portava laptop, tablet e vários aparelhos celulares, usados nas operações financeiras internacionais.

Além da rota Brasil-Dubai, as investigações revelaram que o casal era responsável por escoar os lucros da empresa para paraísos fiscais. Mesmo com a alta movimentação financeira, eles não tinham uma evolução de patrimônio compatível com os ganhos, o que reforça a tese da investigação de lavagem de dinheiro.

O Corretor das Estrelas, fama e luxo

Nas redes sociais, Michael de Souza Magno ostentava uma vida de milionário, rodeado de celebridades que o procuravam para fechar contratos de venda e aluguel de imóveis de alto luxo. Natural do Rio de Janeiro e casado com a atriz Juliana Kelling, que fez Dalila na novela *O rico e Lázaro*, da Rede Record, ele ficou conhecido como o Corretor das Estrelas e frequentemente postava selfies com artistas que recomendavam seu trabalho. Nas conversas telefônicas interceptadas pela Polícia Federal, ele foi apontado como pessoa de destaque nos negócios da GAS e de confiança de Glaidson, responsável pela gestão de uma carteira de muitos clientes.

Eles se conheceram, de acordo com fontes da investigação, quando Michael vendeu uma casa para Glaidson. Alguns fatores chamaram a atenção e indicaram a proximidade do corretor com a GAS e Glaidson: a declaração de Ronaldo Fernandez Mendez, um corretor de imóveis que havia destinado à GAS 5 milhões de reais e afirmou que Michael era sócio da empresa; notas fiscais em nome de Michael com endereço de Glaidson; a aquisição de lanchas da mesma marca na mesma época por Michael e Márcia; a utilização de cartas de consórcio para a aquisição de bens de alto valor por Michael, Tunay, Márcia e Felipe, sem que nenhum deles tenha pagado por elas da forma convencional; Michael morava no mesmo condomínio que Márcia e Tunay (Quintas do Rio, na Barra da Tijuca); as contas bancárias do corretor eram da mesma agência em que Márcia, Tunay e Glaidson também eram correntistas.

Michael era dono da empresa Magno Gestão Imobiliária, criada em fevereiro de 2019, com sede na Barra da Tijuca, e alardeava sucesso nas redes sociais, mas as declarações de imposto de renda de 2020 e 2021 informavam rendimentos e bens que não demonstravam essa riqueza. Curiosamente, Michael não declarou o imposto entre os anos de 2013 e 2016, e embora tenha declarado em 2017, não mencionou qualquer evolução patrimonial. Com a análise dos dados, os investigadores verificaram que Michael sonegava impostos e vivia na opulência sem nada declarar ao fisco. Além disso, a movimentação financeira do corretor cresceu exponencialmente a partir de 2018. No mesmo ano, ele fez uma viagem internacional a Dubai, como outros integrantes do esquema.

De acordo com escutas telefônicas, no decorrer da Operação Kryptos Michael recebeu ligações de operadores, sócios e investidores querendo saber sobre o funcionamento da empresa e os pagamentos que receberam ou tinham a receber, preocupados com as reportagens veiculadas na imprensa. Michael disse que cada consultor daria as explicações necessárias para seus clientes e que ele mesmo queria mandar um áudio para trezentos clientes que atendia. Apontou também que o grupo estava em guerra com a Igreja Universal, em razão da debandada de pastores da instituição para trabalhar como consultores da GAS.

Michael explicou, em uma ligação grampeada, a dinâmica de envio dos valores da empresa para o exterior por meio de criptoativos, a fim de evitar bloqueios judiciais:

"Vamos supor, vocês investiram na empresa 50 mil reais, tudo já virou criptomoeda, o dinheiro não fica parado na conta. De dez em dez minutos, entra uma menina na conta do Banco do Brasil e transforma o saldo que tem em criptomoeda. Joga numa exchange nossa, que a gente abriu lá no Uruguai. Por conta de fins lucrativos, de impostos, a gente tem ela lá e tem em Malta também, que é paraíso fiscal. De dez em dez minutos, todo dinheiro que entra na conta sai. Por quê? Hoje, pra você ter uma ideia... entra uma média de 2 bi, 2 bi a cada hora, na conta da empresa."

Ele apontou como havia começado recentemente no esquema e em pouco tempo já estava tão próximo de Glaidson:

"É muito louco, tudo que a gente tá vivendo hoje. Não tem outra explicação a não ser que foi Deus mesmo que juntou a gente ao Glaidson, que é uma pessoa que nem os sócios têm tanto contato como a gente tem. A forma que ele confia na gente foi uma coisa muito doida, sabe? Então, hoje a GAS, tudo que eu sei, tudo que eu faço... Eu cheguei agora, acabei de pegar 1 milhão no banco. No Banco Original. Eu faço minhas loucuras, mas assim... é diferente porque o Michael tá com o Glaidson diariamente."

Sobre a logística dos repasses em criptomoedas, Michael explica que as transações eram feitas em bitcoins para manter o anonimato de quem fez a transferência.

"Hoje, tem sessenta pessoas, né? Pessoas, que eu digo, entre CPFs e CNPJs... que ele distribui o dinheiro. Vamos supor, eu sou uma pessoa... Ele pega, joga numa exchange minha, tá? Numa Binance... numa exchange minha... criptomoeda... porque eu recebo via criptomoeda. O dinheiro cai lá via cripto... eu saco, converto ele pra reais, e faço pagamento pros investidores do Brasil. E, então, não vem em dinheiro. Tipo assim, o Glaidson não transfere dinheiro pra minha conta, por quê? Pra não ter nenhum vínculo meu com ele. Por quê? Na criptomoeda ninguém tem como ter vínculo, se eu transferir da minha... se eu transferir bitcoin pra você, ninguém sabe que fui eu que transferi."

Nas investigações, foram identificadas movimentações constantes de TEDs entre instituições financeiras e depósitos à exchange de criptoativos Binance. Michael contou também, em mais uma ligação, sobre o que seriam os próximos passos de Glaidson para o ano seguinte.

"Ele vai ser regulamentado pelo Banco Central, entendeu? Ele não vai ser [...] como *Fintech*, ele vai ser regulamentado, acho que lá pra fevereiro ou março do ano que vem."

No cumprimento do mandado de busca e apreensão, no condomínio Alphaville, em Santana de Parnaíba, em São Paulo, ele e a mulher, Juliana, resistiram e causaram confusão. Com gritos e empurrões, tentaram evitar a entrega, primeiro, do celular de Michael e, depois, do celular de Juliana, que estava sendo usado por ele durante a ação policial para passar informações. A situação escalou a tal ponto que o chefe da equipe policial sacou a arma, apontou para o chão e ordenou a entrega. Juliana, mesmo assim, correu com o aparelho nas mãos em direção à piscina, até um local onde não havia saída. Encurralada, continuou resistindo, até o policial arrancar o celular das mãos dela.

Na garagem, havia dois Range Rovers e um Mercedes. Michael e o proprietário do imóvel, Álvaro Caetano da Silva Júnior, afirmaram que os carros eram de Álvaro. O responsável pela busca exigiu as chaves, e Álvaro forneceu as de dois carros, dizendo que não tinha as da outra Range Rover. Nada irregular foi encontrado nos dois veículos. Um chaveiro foi acionado para abrir a Range Rover. Lá estavam documentos de Michael, além de uma mala com equipamentos de informática e um notebook, como comprovação de que o carro era dele.

Quando os policiais voltavam para dentro da casa, o chaveiro alertou-os de que Michael havia tirado uma bolsa escura da parte da frente do veículo, enquanto a busca ainda acontecia. Uma bolsa escura, da marca Prada, estava de fato perto de Michael, mas nada importante foi encontrado ali, apenas perfumes. Restava, porém, a suspeita de que ele pudesse ter retirado algo dali antes da revista.

Expansão em Brasília

O projeto expansionista da GAS começou em agosto de 2017, na primeira das sete viagens que Glaidson fez a Brasília. À espera dele, estava o casal Felipe José Silva Novais e Kamila Martins Novais — ele, funcionário público e ela, advogada. A fórmula para crescer na capital foi igual à que consolidou a GAS do Faraó no Rio de Janeiro: uma forte pregação nos templos, reforçada pela conversão de pastores locais em consultores. O impacto dessas investidas e das adesões ao mercado de bitcoins gerou uma crise na Igreja Universal em Brasília. Pastores acusaram a instituição de quebrar ilegalmente os sigilos bancários deles para tentar comprovar movimentações e aplicações em bitcoins.

Como os demais apóstolos, Felipe e Kamila, casados desde 2015, eram o típico casal que fazia contas para fechar o mês sem sustos, antes de entrar na empresa. Felipe trabalhava na Câmara Legislativa do Distrito Federal, com salário mensal de 3 mil reais, e Kamila recebia o mesmo valor como auxiliar de escritório. Com a GAS, em apenas quatro anos eles ficaram milionários.

Glaidson conheceu o casal nos templos da Universal. Não demorou muito para alcançarem prestígio no negócio. Felipe teve papel importante na virada de chave de Glaidson, em 2018, quando foi criada a GAS Consultoria & Tecnologia e montada a sede no Centro de Cabo Frio. Ele foi alçado à condição de único sócio. Outra demonstração de prestígio foi deslocar a venezuelana Andrimar Vergel, mulher de Vicente Gadelha, para cuidar do escritório da GAS, no Complexo Brasil 21, Setor Hoteleiro Sul, em Brasília.

Entre 2017 e 2020, Felipe e Kamila receberam 80 milhões de reais repassados por Glaidson ou pela empresa dele.[26] No primeiro ano da arrancada, Felipe declarou à Receita Federal ser agente de bolsa de valores, câmbio e outros serviços financeiros. Apresentou na Declaração de Bens e Direitos o valor de 193 mil reais e um investimento de 20 mil reais em bitcoins com Glaidson, valor que se manteve na declaração de 2018 e desapareceu em 2019.

O casal impressionou os investigadores da Kryptos pelo volume de dinheiro movimentado. Ligada a eles, havia uma

---

26. Entre 2017 e fins de 2020, ele recebeu de Glaidson, ou da GAS, 41,6 milhões de reais, enquanto Kamila, no mesmo período, recebeu 38,8 milhões.

série de empresas na cidade que atuavam como intermediárias, as quais recebiam dinheiro da GAS ou de pessoas relacionadas a ela e repassavam quantias aos investidores.

Com tanto dinheiro entrando, o casal precisou dissimular a renda. Em uma das comunicações ao Coaf, Felipe informou que, de julho a dezembro de 2018, trabalhou com venda de grãos, veículos, compra e venda de terrenos (entre os clientes dele estaria a Igreja Universal) e construção de casas dentro e fora do Brasil. Já Kamila se tornou sócia, em 2019, da Carneiro Novais Advogados Associados, empresa utilizada, segundo as investigações, pelo esquema, possivelmente para o branqueamento de capitais, recebendo, entre julho de 2019 e junho de 2020, 40,5 milhões de reais da GAS.

Na busca e apreensão na casa de Felipe e Kamila, em Brasília, foram encontrados contratos de locação de imóveis, transações bancárias, contratos de bitcoin vinculados à GAS e a Glaidson, um ultrabook Microsoft Surface, 45 mil reais em espécie, joias, relógios de alto valor e documentos.

Outras pessoas no entorno do casal também teriam recebido recursos milionários em suas contas, entre elas um irmão de Kamila. Além disso, Felipe investia na instalação de um escritório em Fortaleza, no Ceará. Os investigadores descobriram que, em 2019, Glaidson e ele alugaram salas comerciais em um mesmo prédio do bairro Aldeota, onde o ex-garçom ainda adquiriu outra sala. Além de Brasília e Fortaleza, estavam na rota de expansão rumo ao Nordeste as capitais João Pessoa (Paraíba) e Natal (Rio Grande do Norte).

A GAS embarca nas plataformas

Cada plataforma de petróleo da bacia de Campos é uma fábrica maciçamente povoada. Em média, 150 trabalhadores embarcados, fora o pessoal de suporte na terra, no mar e no espaço aéreo. No início dos anos 2020, operaram em suas águas 45 unidades de produção, entre plataformas fixas, semissubmersíveis e navios adaptados. Na época, a região respondia por 30% do petróleo brasileiro. Na legião de trabalhadores do setor, figurava o nome de Diego Silva Vieira, veterano empregado da Serviços de Petróleo Constellation, empresa especializada em operar em águas ultraprofundas.

Glaidson e Mirelis entenderam que, para ampliar a base de arrecadação, precisavam abrir um poço exploratório na bacia. E a pessoa escolhida para liderar o processo foi Diego, que àquela altura acumulava experiência de quase dez anos no setor.

Pelos números apurados na investigação, Diego pertencia a uma elite de trabalhadores da região. Natural de Cabo Frio, ele trabalhou na Constellation de outubro de 2008 a novembro de 2017, com um salário mensal que ia de um piso de 13 mil ao teto de 29 mil reais. A mulher, Mariana Barbosa Cordeiro, e ele moravam no mesmo condomínio em que residiam Glaidson e Tunay.

Mesmo com um bom emprego, Diego pediu demissão em novembro de 2017 e, vinte dias depois, já abria a própria empresa, a DV Investimentos. Cabia a ele aguçar a ambição dos colegas de trabalho, ao convencê-los de que os bitcoins eram um caminho mais seguro para a riqueza do que o trabalho exaustivo e arriscado até 187 quilômetros da costa.

Quase um ano depois, Diego conquistava um lugar no comando central da GAS. Ele deu baixa na DV e constituiu, em sociedade com Vicente Gadelha Rocha Neto, o homem da GAS no Nordeste brasileiro e em Dubai, a DVG Consultoria em Tecnologia da Informação, com sede no mesmo endereço da GAS, em Cabo Frio. Portanto, no fim de setembro de 2018, Glaidson, Vicente e Diego trabalhavam no mesmo local.

Depois, em 2019, a DVG transferiu a sede para a cidade de Campos dos Goytacazes,[27] com contrato de aluguel assinado em outubro de 2018 e tendo Diego como locatário. De acordo com o advogado José Paes, o esquema da GAS em Campos se concentrou em torno das plataformas de petróleo, uma vez que os executivos e chefes da hierarquia chancelaram a empresa para os encarregados, que se sentiam confiantes em investir também. Esse boca a boca disseminou o negócio pela cidade a ponto de, assim como em Cabo Frio, o esquema de Glaidson explodir na região.

O envolvimento com a GAS se estendeu pela família de Mariana, como foi o caso do pai, Domingos Cordeiro Neto, que constituiu, em 2020, a DCN Consultoria em Tecnologia da Informação, cujo procurador era Diego. Em apenas um ano de funcionamento, a empresa, que foi fechada em 2021,

---

27. A sede ficava na rua Dr. Siqueira, nº 143, sala 901.

recebeu 68,1 milhões de reais das contas de Glaidson ou da GAS, além de 3,8 milhões da Carneiro Novais, empresa de Kamila e Felipe.

A relação de Diego, Mariana, Felipe e Kamila ia além dos negócios. As famílias passaram juntas o réveillon de 2021 em Cancún, no México. Diego também era próximo de Glaidson, com quem fez um bate-volta até Miami, nos Estados Unidos, em 2020. Os investigadores acreditam que eles tenham ido por conta da recém-instalada GAS Consultoria em Tecnologia da Informação LLC, em Orlando, Flórida, no dia 21 de janeiro.

Habitualmente, Diego e Mariana usavam a estratégia de evasão fiscal. De acordo com o inquérito, a movimentação financeira da DVG e da B Cordeiro Consultoria, empresa de Mariana, demonstrou incompatibilidade entre os valores declarados recebidos, além de revelar que ambos manipularam a contabilidade das empresas. Além disso, a realidade de luxo em que o casal vivia, com bens, imóveis e uma série de viagens internacionais, não condizia com os valores e a renda que ambos diziam ter.

Em 2018, as despesas somaram 26 mil reais, e em 2019 esse valor saltou para 408 mil — boa parte dele, 223 mil, gasto com a construção ou reforma de uma casa no condomínio Dunas do Peró, em Cabo Frio, adquirida pelo casal, em setembro de 2020, por 120 mil reais. Em 2019, Diego fez nove viagens internacionais — Tailândia, Dubai, Califórnia, Panamá (duas vezes), África do Sul, Grécia, Miami e Uruguai —, e Mariana não o acompanhou apenas em uma delas.

Em 2020, os gastos caíram ligeiramente para 396 mil reais. A redução das despesas na construção da casa foi compensada por despesas particulares mais elevadas, como, aproximadamente, 45 mil em joias na loja da Tiffany Brasil, no Village Mall, na Barra da Tijuca, no Rio. Foram cinco viagens internacionais em 2020, e Diego ainda comprou um apartamento de 898 mil reais em Niterói e investiu 109 mil reais em materiais para um escritório em Vitória, no Espírito Santo, o que indicava a possível abertura de uma loja da GAS na cidade.

Quando a Operação Kryptos veio à tona, uma conversa interceptada pela polícia, com uma mulher não identificada, mostrava Diego desesperado. Em outra, ele afirmava a um investidor que Glaidson já havia lhe alertado que aquilo um dia aconteceria e todos deveriam estar preparados. Diego disse também que faria o que fosse necessário para sair do esquema, mas, enquanto isso não fosse possível, era preciso ter outros planos em mente. Não dava para ficar com o dinheiro "na sombra".

Em outro trecho gravado pela polícia, no dia seguinte ao da operação, um dos investidores manifestou apoio ao trader, que o tranquilizou e prometeu liberar os investimentos paralisados por conta da ação policial. Ele falou ainda, em outra conversa telefônica, que Mirelis era a cabeça do esquema e, enquanto ela estivesse fora (nos Estados Unidos), tudo continuaria a funcionar. Mais que isso: Diego garantia que ela não retornaria ao Brasil.

Remessas ao exterior

Cabia a Eliane Medeiros de Lima mandar, por meio de criptoativos, o dinheiro para fora do país e receber elevadas quantias. A advogada morava em Campo Grande, Mato Grosso do Sul, e era dona da GLA Serviços de Tecnologia, empresa que se tornou a segunda maior destinatária de recursos de Glaidson, atrás apenas da MYD, de Mirelis. Entre julho de 2019 e dezembro de 2020, a GLA recebeu 324 milhões de reais do CEO da GAS. Em apenas uma semana (3 a 9 de agosto de 2019), de acordo com o comunicado do Banco do Brasil ao Coaf, a GLA recebeu na conta 69 milhões de reais, dos quais 64,9 milhões foram depositados pela GAS. A GLA recebia e repassava ainda parte dos valores dela para pessoas físicas, desempenhando o papel de intermediária da GAS com os investidores.

A advogada ganhou relevância ainda maior depois da prisão de Glaidson, em agosto de 2021. Coube a ela, como o inquérito da PF sustentou, ajudar Mirelis Zerpa a vencer a corrida contra os investigadores e conseguir sacar 1 milhão de reais em criptomoedas nas horas seguintes à deflagração da Kryptos.

Ex-proprietária de uma lotérica em Bataguassu, cidade a 311 quilômetros de Campo Grande, Eliane já era processada por golpes com bitcoins em Mato Grosso do Sul quando foi presa e denunciada à Justiça em uma das fases da Kryptos, em fevereiro de 2022. Dona da empresa Cointrade Crypto Exchange, ela era conhecida por promover eventos luxuosos, regados a uísque importado e vinhos caros, para fisgar clientes abastados.

A vida financeira de Eliane deu um salto no mesmo período. Conforme relatório, a movimentação de recursos da advogada saltou de 793 mil reais, em 2017, para 1,9 milhão no ano de 2020, na esteira do triunfo da GAS.

Trader nas redes sociais

Arthur dos Santos Leite se apresentava como trader e tinha mais de 16 mil seguidores nas redes sociais. Ele cresceu no negócio, em grande parte, por conta dos altos índices de desemprego durante a pandemia de covid-19. Muitos recém-demitidos buscavam uma forma rentável de se ocupar, o que dobrou o número de inscritos na bolsa de valores para operações de *day trade*.[28]

Na internet, há profissionais experientes que se apresentam como gurus de investimentos. Arthur era um deles e aproveitou para ostentar a riqueza conquistada com os negócios de Glaidson e Mirelis, temperada por frases motivacionais e conselhos para aqueles que iniciavam a trajetória no mercado de ações. A casa em que ele morava valia 8,2 milhões de reais. Na garagem, carros de luxo, como um Corvette avaliado em 660 mil.

No esquema da GAS, ele funcionava como empresa intermediária para receber o dinheiro dos investidores e repassar às contas de Glaidson, assim como ocorre com outros

---

28. *Day trade* é uma operação realizada na bolsa de valores, na qual o investidor (ou trader) compra e vende um mesmo ativo no mesmo dia.

integrantes do grupo. Durante a ação policial de busca e apreensão em sua casa, ele confirmou que, no dia anterior, havia ali a quantia de 800 mil reais, em espécie.

Com endereço cadastrado em São Pedro da Aldeia, o último emprego do trader fora o de vendedor na empresa Mauna Loa dos Lagos Esportes. Lá Arthur trabalhou entre agosto de 2017 e fevereiro de 2018 e recebia 1.179 reais por mês. A primeira tentativa na área digital aconteceria em junho de 2018, quando abriu a empresa Mídia Digital, com sede em Cabo Frio. Dois anos depois, ele constituiu, com mais dois sócios, a Universe Trader, que tinha site e um canal no YouTube, no qual apresentava o material didático sobre como operar no mercado financeiro.

Em abril de 2020, abriu a Just Believe Participações, com sede em Cabo Frio, que recebeu, da abertura até novembro de 2020, 20,5 milhões de reais da MYD, empresa de Mirelis. Sobre a movimentação financeira da Just Believe, entre janeiro e junho de 2020, a empresa PAX Transporte e Importação remeteu 60 mil reais para Arthur e 15 mil para a GAS.

Segundo a Classificação Nacional de Atividades Econômicas (CNAE), a PAX se enquadrava como comércio varejista, especializado em equipamentos de informática. Em fevereiro de 2018, passou para transporte rodoviário de carga, com sede em Cabo Frio. A movimentação financeira da empresa girava em torno de Glaidson e Arthur. Com a inexistência de endereço idôneo, notas fiscais e conhecimentos de transporte, os investigadores concluíram que se tratava de empresa de fachada.

No depoimento à polícia, Arthur contou que a Just Believe fazia investimentos em opções binárias — a variação entre a cotação de duas moedas. Para isso, contava com um time de consultores que captavam investidores. Antes de abrir a empresa, Arthur disse que tudo era feito pelo CPF dele, quando entregava aos clientes um rendimento mensal que podia chegar a 15%. O pagamento era organizado a partir de planilhas do Excel.

O negócio, que chegou a contar com cerca de mil investidores simultâneos, gerou lucro de mais de 100 mil reais para Arthur. Com o sucesso da empresa, Glaidson fez uma oferta e adquiriu a Just Believe por 40 milhões de reais, mantendo Arthur no controle das operações mediante contrato de exclusividade.

Casa infestada de formigas

"Quanto mais a gente conquista, mais apegado a Deus e ao altar a gente tem que estar."

Essa declaração de João Marcus Pinheiro Dumas Viana, sócio-administrador da GAS, mostra como funcionava o sistema de crenças que norteava sua vida. Levado por elas, chegou a doar altas quantias no programa Fogueira Santa, da Igreja Universal. "Deus foi abençoando, passou um tempo e deixamos de comprar nosso carro. Sacrificamos novamente 45 mil reais."

No que dependesse dos negócios na GAS, esses rendimentos iriam subir e muito. João Marcus e a esposa, Larissa Viana Ferreira Dumas, moravam em Cabo Frio, no mesmo prédio da rua Omar Fontoura onde Glaidson e Tunay residiam. Ele foi empregado pela GAS em junho de 2018 e Larissa quatro meses depois. No esquema, eles coordenavam e faziam movimentações de dinheiro em espécie e eram donos de empresas de fachada, usadas para pagar a taxa de rentabilidade aos clientes. A Viana Assessoria & Consultoria em Tecnologia da Informação foi aberta em Cabo Frio em agosto de 2020, sob o nome de João Marcus; Larissa assumiu a titularidade da Dumas Consultoria & Tecnologia da Informação, constituída em outubro de 2019, também com sede em Cabo Frio. De acordo com o Coaf, as contas no Banco Inter, vinculadas às duas empresas, funcionavam como intermediárias para transferir dinheiro a outras contas, com operações de débito em massa, além de receber créditos que vinham da conta pessoal de Glaidson.

Com o aumento da carteira de clientes na GAS, eles economizaram para comprar um carro, mas, numa ida à igreja, no sacrifício da Fogueira Santa, doaram tudo o que já haviam guardado até aquele momento. De acordo com João, naquele dia o casal ofereceu algo em torno de 25 mil reais.

Numa entrevista gravada em vídeo para o programa Fogueira Santa, ele lembra do passado pobre. Faz questão de subir ao altar de bicicleta, símbolo da vida difícil antes da GAS. Conta que, quando aderiram à Universal, Larissa e ele não tinham nada. Levavam uma vida em um apartamento com infestação de formigas vermelhas e móveis doados. Depois se mudaram para uma espécie de porão que, segundo ele, parecia um labirinto fechado em que mal cabiam os móveis do casal. A única coisa que possuíam eram duas bicicletas velhas que lhes serviam como meio de transporte. Durante um sacrifício da Fogueira Santa, ambos decidiram entregar as bicicletas e mais 2 mil reais que haviam conseguido juntar — o que tinham de mais valioso.

No vídeo, porém, João parece satisfeito: depois de tantos sacrifícios, com o avanço dos negócios, comprou um carro importado, da marca Jeep, no valor de 210 mil reais. E mais tarde um apartamento avaliado em 500 mil reais. Ele e Larissa também haviam feito a primeira viagem internacional.

"Fomos para a Europa, cinco países [sic] diferentes: Inglaterra, Paris, França, Amsterdã e Bruxelas. Nunca tínhamos saído do Rio. Primeira vez que pego um avião. […] Sem o fogo do Espírito Santo, a gente não é nada, não teria conquistado nada disso. A gente sabe que a hora que der as costas para o altar a gente perde tudo isso."

Dando as costas ou não, o negócio de João Marcus e Larissa começou a ruir quando surgiu a primeira reportagem sobre a GAS, no *Fantástico*, em agosto de 2021. Em conversa telefônica interceptada pela polícia, ele revelou sobre o trabalho que fazia como operador do fluxo de dinheiro em espécie do grupo. Assustado, orientou um empregado da GAS a falar por códigos e a não armazenar grandes quantidades de dinheiro: "O dinheiro entrou, saiu, entrou, saiu." A preocupação em não deixar saldo em conta veio do impedimento imposto pelo Banco do Brasil, horas antes, de receber o depósito em espécie de 2,4 milhões de reais, que iriam para as contas da GAS e da MYD, empresas de Glaidson e Mirelis.

Chamou a atenção dos investigadores o fato de o interlocutor de João Marcus considerar aquele um valor baixo. Ambos demonstravam surpresa por encontrarem problemas em uma agência de Cabo Frio, sugerindo que a GAS podia contar com a boa vontade dos gerentes na região. João Marcus orientou que os funcionários da GAS continuassem dentro da agência bancária com as malas de dinheiro. Ele ligou para Victor Lemos, aparentemente advogado de assuntos cíveis da GAS, e disse que Glaidson solicitara o depósito do dinheiro no banco e estava com problemas. Victor respondeu que entraria em contato com o gerente-geral da agência.

O responsável pela "corrente do bem"

No emaranhado de empresas que orbitavam em torno da GAS, a Almeida Consultoria em Tecnologia Digital, aberta em março de 2019 por Elvis Almeida de Oliveira, ocupava lugar de destaque. Ao contrário de uma empresa normal, a única atividade financeira da Almeida era receber repasses sistemáticos de outras empresas. Fazer o dinheiro circular. A lógica era que tais empresas intermediárias tinham o fluxo de entrada e saída de capital balanceado. As empresas vinculadas ao núcleo superior (liderança e sócios) usavam as empresas intermediárias para receber os valores dos investidores e repassar os 10% a serem pagos aos clientes. O papel dela era tão importante, como demonstraram as investigações, que a empresa funcionava no mesmo endereço da GAS.

Natural de Cabo Frio, Elvis era operador financeiro e trabalhou no Comando da Marinha do Brasil, entre janeiro de 2000 e dezembro de 2006, antes de entrar no negócio. Depois, seguiu a mesma trajetória que os demais apóstolos: alavancada pelos bitcoins, a vida financeira dele deu um salto olímpico. Entretanto, Glaidson havia reservado para Elvis um papel especial. Ele seria responsável pela GAS Social, o braço assistencialista do esquema, e tinha a missão de espalhar a "corrente do bem", como apregoava o bordão da empresa.

Do bairro Manoel Corrêa, na periferia de Cabo Frio, a Melgaço e Portel, na Ilha de Marajó, Elvis recebia os pedidos de ajuda, escolhia os locais favorecidos e organizava os eventos. Era responsabilidade dele, ainda, arrecadar recursos junto aos clientes para movimentar a máquina assistencialista. Um dos mais badalados era o Projeto Lar, de construção de casas para assistir populações desabrigadas, em situação de rua, ou que moravam em área de risco, que seriam contempladas com as casas construídas pela empresa, mediante doações arrecadadas.

O esquema era sempre o mesmo: um grupo de dirigentes, liderado por Elvis — em algumas ocasiões, o próprio Glaidson apareceu —, comparecia aos locais atendidos e fazia as entregas. Em Marajó, por exemplo, foram distribuídas trezentas cestas básicas e quatrocentos óculos de grau. Tudo gravado e devidamente mostrado nas redes sociais, com música ao fundo e cartelas com frases motivacionais.

Em cena, Elvis representava a solidariedade da família GAS. Fora de cena, era um dos mais ativos operadores do sistema paralelo de Glaidson.

O começo foi modesto. De maio a outubro de 2018, Elvis, pessoa física, recebeu 28 mil reais de Vicente Gadelha. Entre agosto de 2019 e fevereiro de 2020, a soma, vinda também de Vicente, chegou a 276 mil. Contudo, em 2020, Elvis se tornou mais presente na estrutura da GAS, passando a movimentar valores mais expressivos e a receber quantias milionárias de Glaidson. Entre abril e outubro de 2020, ele recebeu cerca de 20 milhões de reais das contas de Glaidson ou da GAS, além de 4,4 milhões em nome da GAS Social.

Um tempo depois, seria responsável pela organização e abertura de uma filial da GAS em Florianópolis, Santa Catarina — a GAS Floripa Consultoria.

Aos desconfiados, o rigor da lei

O cargo oficial era o de vice-presidente da GAS Social, mas muita gente via no advogado Victor Lemos de Almeida Teixeira o braço jurídico da GAS. Ele morava no mesmo condomínio de Vicente Gadelha.[29] No esquema do Faraó, trabalhava na gestão administrativa e financeira, divulgando o esquema, orientando os clientes nas redes sociais e atuando como advogado na área cível. Um dos papéis estratégicos dele era o uso do saber jurídico para blindar Glaidson das suspeitas de promover pirâmide disfarçada. Quem ousasse atravessar o caminho da GAS virava alvo de ação indenizatória.

Antes de se juntar a Glaidson, Lemos era gerente de controle interno da Companhia Municipal de Administração Portuária (Comap) de Arraial do Cabo. Ele levou pelo menos cinco anos até ser aprovado no exame da Ordem dos Advogados do Brasil (OAB).

---

29. Na rua Almirante Barroso, nº 555, Passagem, Cabo Frio. A casa em que ele morava era a de número 7 e a de Vicente, número 8.

Um pedaço do sistema circulatório da GAS passava por CNPJs ligados ao advogado, na condição de dono de cinco empresas e sócio em outras três.[30] Uma delas, a Frux, constituída em julho de 2020, movimentou, entre outubro e dezembro do mesmo ano, 36 milhões de reais. Os créditos — 17,9 milhões — foram, em sua maioria, das empresas de Vicente (9,5 milhões) e de Guilherme (5,2 milhões). Sobre os débitos, funcionando como empresa intermediária do esquema, a Frux fez 2.100 transferências relativas aos rendimentos de 10% que deviam chegar aos investidores, clientes da GAS.

De acordo com o inquérito da Kryptos, a movimentação financeira da conta pessoal de Lemos foi considerada incompatível com a renda mensal de 25 mil reais do advogado. A principal destinatária dos recursos obtidos por ele era a GAS, beneficiária de 225 mil reais.

Hábil nas manobras contábeis, ele fazia lives para orientar os clientes na declaração de imposto de renda. O principal aconselhado, porém, era o próprio chefe. Glaidson, antes de tomar decisões, gostava de ouvir o advogado. Entretanto, à medida que o negócio foi crescendo, as ponderações do conselheiro já não agradavam tanto. O Faraó não gostou quando Lemos, no começo da briga da GAS com a Igreja Universal, no início de 2021, ponderou que não seria bom bater de frente com Edir Macedo.

30. Deck de Búzios Pousada, Fructus Consultoria e Serviços, Frux Consultoria e Serviços, Verat Logística Consultoria e GJV Tecnologia e Serviços. Sócio de Jean Fabricio Patricio Miranda, um dos sócios da GAS Construtora, constituída em maio de 2021, e da GJV Tecnologia e Serviços, e sócio também de Gelson da Silva Leal Júnior, da Verat Logística Consultoria.

Em pelo menos duas ocasiões, Lemos foi acionado para apaziguar crises internas. A primeira foi em 2019, quando a Comissão de Valores Mobiliários (CVM) abriu um processo para apurar as operações da GAS. Lemos não conseguiu evitar a remessa das conclusões da CVM para o Ministério Público Federal. Na época das duas reportagens do *Fantástico*, agosto de 2021, correu às redes sociais para garantir que os pagamentos fossem mantidos. Em ligação interceptada pela polícia, o advogado se mostrou preocupado com a repercussão da matéria. Algo dizia que era hora de submergir.

"No meu trabalho, eu sou uma pessoa muito conhecida. Todo mundo me conhece, eu fico em live de treinamento, às vezes com quatro mil e quinhentas pessoas, em reunião. [...] Então, assim, eu fico muito em evidência... Então, eu tô te ligando pra tomar certos cuidados com as crianças, tá?", disse à esposa.

A relevância mencionada por Lemos, no entanto, sofreria abalos após a deflagração da Kryptos. Glaidson esperava que o advogado entrasse em campo, firmemente, para ajudá-lo a ser libertado e na volta da GAS. No entanto, não foi o que aconteceu. Favorecido pelas prerrogativas de advogado, Lemos não chegou a ser preso. Apenas denunciado. Em 2023, a mãe de Glaidson, Sônia, fez duras críticas ao advogado, a quem chamou de traidor durante uma live em rede social. De acordo com ela, quando o filho fora levado preso, Lemos, que tanto devia ao CEO, simplesmente teria lhe virado as costas.

Como Lemos, cada apóstolo foi cuidar da própria defesa e das explicações aos clientes lesados. Ao chefe, o grupo legou a solidão.

O apostolado da GAS

LÍDERES

• Glaidson Acácio dos Santos

• Mirelis Yoseline Diaz Zerpa

SÓCIOS-ADMINISTRADORES

• **Elvis Almeida de Oliveira**

Presidente da GAS Social. Dono de empresa intermediária que repassava o dinheiro a clientes. Responsável pela construção de uma imagem positiva do esquema com ações sociais

• **João Marcus P. Dumas Viana** • **Larissa Viana Ferreira Dumas**

Operavam o fluxo de dinheiro em espécie do grupo. Pagavam as taxas de rentabilidade aos clientes e recebiam créditos da conta de Glaidson

• **Victor Lemos de Almeida Teixeira**

Advogado da GAS na área cível e dono de empresas intermediárias no esquema

SÓCIOS

• **Vicente Gadelha Rocha Neto** • **Andrimar Morayma R. Vergel**

Cuidavam da expansão dos negócios no nordeste do Brasil e em Dubai. Escoavam os lucros para paraísos fiscais

• **Felipe José Silva Novais** • **Kamila Martins Novais**

Cuidavam da expansão dos negócios em Brasília e no nordeste

• **Tunay Pereira Lima** • **Márcia Pinto dos Santos**

Detinham o maior fluxo de dinheiro entre os sócios. Donos do maior escritório da empresa no Rio de Janeiro

• **Diego Silva Vieira** • **Mariana Barbosa Cordeiro**

Cuidavam da expansão dos negócios nas plataformas de petróleo, em Campos dos Goytacazes

• **Eliane Medeiros de Lima**

Convertia o dinheiro em bitcoins e mandava para o exterior

• **Michael de Souza Magno**

"Corretor das estrelas": adesão mais recente, mas atingiu grande carteira de clientes

• **Arthur dos Santos Leite**

Recebia o dinheiro de investidores e repassava para as contas de Glaidson

© Felipe Nadaes

8. O braço armado

Nos tempos da caça submarina, Nilsinho costumava mergulhar até 20 metros de profundidade atrás de badejos, anchovas e outros peixes que habitam a costa de Cabo Frio. Contudo, ele não se lembra de até onde o ar dos pulmões o levou naquela manhã de janeiro de 2021. Só se recorda de que, ao emergir, viu uma figura grande e redonda, de jet ski, se aproximar da lancha dele.

"Vamos nos juntar, virar sócios, porque juntos nós vamos dominar o Brasil, do Oiapoque ao Chuí, do Sul ao Nordeste", instava o piloto da moto aquática.

Aos 44 anos, Nilson Alves da Silva estava no auge da vida. Fizera fortuna com a BTC Trader, na esteira da GAS de Glaidson, e tentava tirar o pé do acelerador e desfrutar o conforto que o dinheiro dos bitcoins lhe proporcionara. Não queria holofotes, confetes ou ostentação. Quando tinha vontade, não importava o dia, saía como um navegante sem destino, mar adentro, com a lancha repleta de cerveja, carne e carvão.

Por isso, Nilsinho disse não à oferta de Glaidson. Bastava-lhe a mansão que acabara de adquirir no Moringa. Atrás da casa, havia um deque, onde o piloto da lancha o buscava. Aquele era o domínio dele. Mergulhava em apneia, nadava, corria, malhava na academia com a namorada. Portanto, apenas desejava sucesso ao vizinho — Glaidson morava a poucos metros da casa de Nilsinho, no mesmo condomínio — e dizia que seguiria sozinho.

O homem grande de colete salva-vidas deu meia-volta desapontado e acelerou o jet ski. Glaidson, que àquela altura já era o Faraó de Cabo Frio, não estava acostumado a ouvir negativas. Ainda mais por considerar a compra da BTC vital para o negócio que ele dirigia.

Dois meses depois, no dia 20 de março, ao parar em um sinal, Nilsinho não teve tempo de olhar para os ocupantes do carro que emparelhou com o BMW X6 que ele dirigia, avaliado em 600 mil reais. Um tiro perfurou-lhe o pescoço, do lado esquerdo, e atingiu a medula óssea. O atirador ainda tentou um segundo disparo, mas a arma falhou. Na pressa de cumprir a empreitada, deu uma coronhada no olho esquerdo da vítima, destruindo-o, antes de fugir.

O carro de luxo, item essencial para forjar uma imagem de sucesso e fisgar clientes, era também o ponto vulnerável dos *piramideiros*. O trader gaúcho Wesley Pessano Santarém usava seu Porsche Boxster, ano 2017, avaliado em 480 mil reais, até para ir ao barbeiro. Era a realização de um sonho que ele dizia ter desde garoto. Aos 19 anos, morador de Cabo Frio, o jovem colecionava uma legião de fãs nas redes sociais ao garantir que tudo que tocava virava ouro.

Pessano reunia mais de 100 mil seguidores no Instagram. No perfil criado no YouTube, com 18,2 mil inscritos, se apresentava como o "Rei do *Pullback*", mercado de alta volatilidade e renda variável, capaz de sofrer alterações drásticas em pouco tempo. "Hollywood me procurou", jactava-se em seus programas on-line, com o som de fundo variando do funk ao pagode. Em uma das postagens na rede social, afirmava ter ganhado 13 mil reais em um minuto. "A Nasa não para de me ligar", provocava.

O jovem trader ministrava cursos on-line e presenciais enquanto vivia na casa dos pais, em Navegantes (SC). Em imóveis alugados em diferentes pontos do país, fazia imersões com os alunos. Em uma delas, conheceu João Paulo Antonioli Gomes e Breno Rodrigues da Silva, que o convidaram para ser sócio na Ares Trading, em Cabo Frio. Pessano chegou à cidade em abril de 2021 com fama de estrela. O Porsche conversível vermelho em que ele circulava, cedido pela empresa, chamava atenção e a imagem reunia dois atributos fortes: juventude e riqueza. Nas suas redes sociais, Pessano acrescentava ainda duas camadas: humildade e superação. Essa receita se tornaria imbatível quando a Ares passou a fazer frente à concorrência e ofereceu até 30% de juros ao mês à clientela.

Dos cursos a distância, oferecidos a quem sonhava em conquistar "a tão querida independência financeira e nunca mais depender de ninguém", às incursões pelas boates de Cabo Frio, Pessano exibia um visual despojado, com camisas de malha estampadas, bermudas, óculos espelhados, colares e pulseiras. A barba espessa era aparada à navalha, a cabeça, rapada nas laterais, e as sobrancelhas, riscadas. Frequentava sempre o mesmo barbeiro, no bairro São João, em São Pedro da Aldeia. E foi isso que fez dele um alvo fácil.

Na tarde de 4 de agosto de 2021, Pessano saiu de casa no Porsche, com um amigo, para cortar o cabelo. Câmeras de segurança mostraram que um Voyage prata o esperava nas proximidades. Depois de segui-lo por 20 quilômetros, o carro freou ao lado do Porsche, na rua Marechal Castelo Branco, num ponto próximo à barbearia. Os dois ocupantes saíram do Voyage e dispararam. Quatro tiros acertaram Pessano, um deles na cabeça. O carona, Adeilson José da Costa Júnior, também foi baleado duas vezes, mas sobreviveu.

"O assassinato do jovem Wesley Pessano revela a crueldade do Glaidson, que determinou a execução da vítima apenas para demonstrar poder, inibindo a atuação de qualquer pessoa que pudesse de alguma forma atravessar o seu caminho", lamentou o criminalista Luciano Regis, contratado pela família de Pessano para atuar como assistente da acusação.

A notícia da morte do jovem trader chegou à redação do *Fantástico* como o gancho que faltava para o início de uma reportagem. Há tempos, os jornalistas sabiam da fartura de pirâmides sob o manto de variados negócios, principalmente bitcoins, em Cabo Frio e na região. O crime, suspeitavam os repórteres, seria o desdobramento violento dessa febre. Glaidson era um dos nomes no radar do programa, mas longe do protagonismo que logo assumiria.

Liderada pela repórter Lívia Torres, a equipe do *Fantástico* tomou a estrada na perspectiva de mostrar que, além de calote nos clientes, os piramideiros travavam uma guerra territorial na Região dos Lagos. Bateram primeiro na porta da GAS, instalada num conjunto de salas na avenida Júlia Kubitschek, 16, no Centro de Cabo Frio. O plano era entrevistar o CEO da empresa sobre o funcionamento do negócio, além de outros personagens que figuravam no roteiro da reportagem. O Faraó não estava na sede da GAS. Chegou a marcar um encontro com Lívia no mesmo dia, mas não apareceu. Àquela altura, os jornalistas já sabiam que ele era alvo de uma investigação.

Até a abordagem da equipe, a imagem pública de Glaidson era a de um empresário bonachão, risonho, amigo dos clientes. Segundo o inquérito da PF, o episódio fez aflorar outro tipo de homem, descontrolado e sem limites. O Faraó, revelam escutas da polícia, brigou com uma funcionária, Maria Eduarda, e com um segurança da GAS, Robson, por deixarem que a equipe da Globo chegasse à porta da empresa. Ao segurança, disse que estava em uma guerra e que, na próxima vez, era para amarrar os jornalistas e esperar por ordens dele.

A reportagem de oito minutos, exibida pelo *Fantástico* no dia 15 de agosto,[31] mostrou Glaidson como dono da maior

---

31. Disponível em: www.globoplay.globo.com/v/9771335/. Acesso em: 15 ago. 2021.

empresa de criptomoedas de Cabo Frio. Depois de exibir as imagens do CEO com um copo na mão, no convés de uma lancha, e da funcionária da GAS batendo a porta na cara da repórter, a matéria terminou com um especialista que alertava para o perigo das pirâmides. A mensagem final pedia ao público que desconfiasse da oferta de dinheiro fácil, principalmente se o cliente fosse estimulado a atrair outras pessoas para o negócio.

Antes mesmo de assistir ao programa, Glaidson já havia decidido como lidaria com a dor de cabeça causada pela repórter. "Vou colocar um prêmio pela cabeça dela. Você sabe disso, né?", esbravejou no dia 14, em conversa por aplicativo com um dos comparsas, Ricardo Rodrigues Gomes, conhecido como "Piloto". A troca de mensagens foi obtida pela PF por meio da quebra de sigilo telemático. Aflito, ele tentava barrar a veiculação da matéria e marcava a data da vingança contra Lívia: "Em dezembro, para deixar esfriar e depois resolver." Acreditava que o atentado serviria de exemplo.

A máscara de homem cordial do Faraó finalmente caía.

Num vídeo longo, gravado em agosto, pouco antes da prisão, o CEO mostrou-se extremamente irritado com o pânico que se espalhava no seio da família GAS após as reportagens da Rede Globo. Com um discurso duro, contendo palavrões, tentava estancar a sangria: "Toda semana, tem sócio que vende desespero, vende susto. Acontece alguma coisa: 'Ah, quero saber, porque agora o mundo vai acabar, vai comprometer o meu investimento.' O seu investimento está no meu bolso. Peraí, não estou achando. Se acontece alguma coisa, uma má notícia, e você esquece que o dinheiro está em posições, em exchange com nossa equipe de *trading*, ou gosta de fazer show, espetáculo, vender susto, ou tem desvio mental, porque não é possível. Estou falando mil vezes."

Mais adiante, admite que a GAS não tinha patrimônio líquido, pois o dinheiro dos investidores estava pulverizado em mais de 200 CNPJs e totalmente investido em operadoras internacionais: "Não comecei ontem. Nasci de noite, mas não sou babaca de deixar algo operando em exchange brasileira."

Nas primeiras horas após a morte de Pessano, a polícia já descartava a possibilidade de tentativa de assalto. O sobrevivente contou em depoimento que os pistoleiros dispararam quando Pessano tentava tirar a corrente de ouro que estava no pescoço. As investigações revelaram que havia um segundo carro na cena do crime, um Nissan Versa, cor preta, usado para dar fuga aos criminosos, após abandonarem o primeiro veículo.

A clonagem dos carros, para esconder os ocupantes, não impediu que a 123ª Delegacia Policial, de São Pedro da Aldeia, responsável pelo inquérito, lançasse um alerta geral sobre o paradeiro deles. O erro dos criminosos, três dias depois do assassinato, foi voltar ao local onde haviam abandonado o primeiro veículo, o Voyage, para recuperá-lo. A partir de então, passaram a ser monitorados e foram seguidos no deslocamento entre a Região dos Lagos e uma casa em Vicente de Carvalho, bairro da Zona Norte do Rio, onde se escondiam. Ao saírem, pouco tempo depois — a polícia acredita que iriam comemorar —, dois deles foram presos na rodovia Presidente Dutra.

Com a prisão da dupla, a investigação deslanchou. Roberto Silva Campanha, acusado de efetuar os disparos, e Chingler Lopes Lima, que teria apoiado a ação, encabeçaram a lista que teria outros dez acusados.[32] As provas produzidas com a quebra de sigilo e o rastreamento dos celulares, a delação de um envolvido e as conversas grampeadas e compartilhadas pela Operação Kryptos permitiram à polícia mapear a cadeia de ações, do executor ao mandante. Além de identificar o grupo, foi possível colocar os mesmos matadores na cena do atentado a Nilsinho,[33] em março do mesmo ano.

A juíza Rosália Monteiro Figueira, da 3ª Vara Federal Criminal do Rio de Janeiro, jamais imaginou que, ao assinar os mandados de prisão e de busca da Kryptos, uma operação focada em crime contra o sistema financeiro, ajudaria a elucidar também um homicídio e três tentativas de homicídio — os grampos federais revelaram conversas entre o mandante e sócios que serviram de intermediários nos crimes e no plano de eliminação de outros piramideiros da região.

---

32. Foram eles, no total: Ananias da Cruz Vieira, Filipe José Aleixo Guimarães, Daniel Aleixo Guimarães, Roberto Silva Campanha, Luiz Fillipe Vieira Cherfan Tavares, Fabio Natan do Nascimento, Bruno Luzardo Sabajes, Chingler Lopes Lima, Thiago Julio Galdino, Valder Janilson Chaves dos Santos, Edson da Costa Marinho e Glaidson Acácio dos Santos.

33. Lista de acusados no caso Nilsinho: Glaidson Acácio dos Santos, Thiago de Paula Reis, Rodrigo Silva Moreira, Fabio Natan do Nascimento, Chingler Lopes Lima e Rafael Marques Gonçalves Gregório.

"Tem um [*sic*] trade, aqui de Cabo Frio, sr. Pessano, q tá tentando os meus investidores. Não posso deixar isso acontecer", escreveu Glaidson a Daniel Aleixo Guimarães, um dos sócios, às oito da manhã do dia 16 de abril de 2021.

"Já sei dele", respondeu Daniel.

A ordem foi logo atendida. Nas semanas seguintes, com a ajuda do irmão de Daniel, Filipe José Aleixo Guimarães, e de um intermediário, Ananias da Cruz Vieira, formou-se o grupo de matadores. Eles imediatamente começaram a monitorar os passos de Pessano, à espera da melhor oportunidade de cumprir as ordens de Glaidson.

De acordo com amigos de Pessano, o jovem havia mencionado a sensação de estar sendo seguido. O trader teria revelado a um deles que, assim como Nilsinho, ele também se recusara a vender a sua empresa, a Ares Traders, para Glaidson.

Os diálogos monitorados pela Kryptos comprovaram que o Faraó não aceitava recusa.

"O piramideiro de São Pedro vai estar neste local. Nesse momento. Esses caras demora [*sic*] muito. Olha a oportunidade aí", queixou-se Glaidson a Piloto, em 21 de julho, irritado com a demora na execução de outro piramideiro, Wellington Câmara, da Trust Investing, não levada a cabo por motivos que a polícia desconhece.

"Me fala logo, ok, senão vou buscar outros pra ajudar as famílias que estão contando comigo. Se eles não podem ou têm medo. Eu quero comprar 2 fuzil [*sic*] pra eles. Mas eu tô vendo eles muito fracos. O planeta está com problema, muita gente está destruindo o planeta e tem que colaborar pra não termos problemas com aquecimento global. Me entende?", reiterou Glaidson a Piloto no dia seguinte.

Eliminar a concorrência a qualquer custo, evitando assim a fuga de capital e a inevitável implosão da pirâmide, era parte do negócio de Glaidson. Nas festas que fazia no Moringa, ele posicionava homens armados de fuzil ao redor da mansão e um barco atravessado no canal em frente à propriedade. Ninguém passava, além dos convidados. As investigações da PF revelaram que essa tropa não fazia só segurança. Os homens formavam o braço de "inteligência" da organização e cuidavam de monitoramentos, ameaças e eliminação física de concorrentes. Além de ser denunciado pela morte de Pessano e por quatro tentativas de assassinato — do amigo do trader, Adeilson, de Nilsinho e ainda de João Vitor Rocha da Silva Guedes, da Black Warrior, o Faraó foi acusado de destinar parte dos recursos amealhados com a pirâmide para custear essa milícia.

Os matadores repetiram com João Vitor o método usado na execução das outras vítimas. Primeiro monitoraram os hábitos dele e, no dia do ataque, 10 de junho de 2021, cercaram o carro e atiraram. Mas o trader, outro conhecido golpista de Cabo Frio, não estava no veículo. Os ocupantes do veículo eram a namorada dele e um segurança, que saíram ilesos do atentado porque a blindagem do veículo resistiu à saraivada de tiros.

Até julho de 2023, Glaidson só estava pronunciado — quer dizer, encaminhado para julgamento perante o tribunal do júri — no processo que envolvia a morte de Pessano. Os processos referentes às três tentativas de homicídio ainda estavam em fase de instrução. E em todos os casos ainda cabiam recursos.

Empresas de fachada pagavam a pistoleiros

O Grupo de Atuação Especial no Combate ao Crime Organizado do Ministério Público do Rio de Janeiro (Gaeco/MP-RJ), acionado somente para casos graves, como o do Faraó, concluiu que ele mantinha seis empresas de fachada para garantir o fluxo financeiro entre o negócio, liderado pela GAS Consultoria e Tecnologia, e o setor de inteligência. O Gaeco também descobriu que outras duas firmas, Central Pescados e Alimentos Mourão e Alfabank Consultoria e Investimentos, serviam para o dinheiro chegar aos executores dos crimes.

A quebra do sigilo telemático de Glaidson revelou que, por meio do setor de inteligência, ele emitia ordens diretas aos subordinados sobre quais concorrentes deveriam ser "zerados/eliminados". Em mensagens para um dos comparsas, Ricardo Gomes, o Piloto, Glaidson, sob o codinome "Souza Santos", pede ajuda para criar "uma equipe de 10 cabeças pra fazer uma limpeza em Cabo Frio". O cumprimento dessas ordens envolvia um esquema complexo. Drones também passaram a ser usados para o monitoramento dos alvos, bem como informações sigilosas eram obtidas ilegalmente em bancos de dados de utilização exclusiva de agentes de segurança, como a Rede Infoseg.

O braço armado de Glaidson contava com quadros egressos do narcotráfico e do crime organizado. A investigação do

Gaeco revelou que, para matar um concorrente em agosto de 2021, ele pagou 450 mil reais ao ex-PM Wagner Dantas Alegre,[34] o mesmo pistoleiro denunciado como o autor dos disparos de fuzil que executaram o contraventor Alcebíades Paes Garcia, o Bid, em fevereiro de 2020, a serviço de outro bicheiro. Já Piloto, um dos responsáveis pela conexão do Faraó com os matadores de aluguel, foi acusado de pertencer à organização do colombiano Pablo Escobar.

Segundo a avaliação dos investigadores, a brutalidade, escondida atrás do sorriso do empresário bonachão, poderia indicar traços de psicopatia:

"Glaidson mostrou personalidade mista de psicopata e ambição extremas, contratando capangas ditos profissionais para eliminar a concorrência e, pior, lhes cobrava o cumprimento da 'missão' mesmo diante do retardo dos contratados na execução dos 'serviços' ante a necessidade de cautela para não serem descobertos, argumento que não convencia Glaidson, o qual apenas queria que as execuções se dessem no tempo em que ele desejava, pouco importando que as investigações o ligassem ao crime. Tal prepotência fica nítida após a observação do teor dos diálogos, talvez dado o poder financeiro."[35]

---

34. O ex-PM Alegre, de acordo com as investigações, passou a trabalhar como principal segurança e "braço direito para os trabalhos sujos" do bicheiro e ex--presidente da Vila Isabel Bernardo Bello, apontado como herdeiro do espólio criminoso do bicheiro Waldemir Paes Garcia, o Maninho, irmão de Bid e responsável por controlar o jogo ilegal na Zona Sul e na Tijuca, na Zona Norte do Rio.

35. Relatório interno da 123ª DP sobre as investigações do Caso Pessano.

O nome daquela que seria a próxima vítima do Faraó permaneceu envolto em mistério. Por sorte dela, a prisão de Glaidson ocorreu no dia seguinte (25 de agosto de 2021) ao pagamento do valor combinado, e a execução foi suspensa. Uma vida foi poupada.

Nilsinho também sobreviveu. Tetraplégico, chamou a mãe para morar na mansão inacabada. Além dela, precisou da ajuda de três fisioterapeutas e três técnicos de enfermagem, que se revezam na rotina de banhos e alimentação, essencialmente. O ex-trader, que também enganou os clientes ao esconder uma pirâmide sob operações com bitcoins, acumula dívidas e gasta o que ganhou com o tratamento. Na cadeira de rodas, passa parte do tempo contemplando o canal onde, antes, gostava de mergulhar.

9. "A gente entrega a Satanás"

Na cadeia, onde recebia uma romaria de advogados, além dos dele, Glaidson Acácio dos Santos ouvia as mais variadas propostas para se livrar das grades, todas motivadas pela expectativa de um polpudo honorário. Dessa vez, porém, o Faraó foi mais rápido. Ao receber no parlatório uma advogada, que aproveitara a visita a outro interno no presídio federal de Catanduvas, no Paraná, para abordá-lo, ele logo colocou as condições na mesa:

"Por favor, consiga pra mim um acordo com Renato Cardoso, que eu te contrato na hora."

Na cabeça de Glaidson, em meados de 2023, após quase dois anos de prisão, o acerto com a Igreja Universal do Reino de Deus seria o caminho mais rápido para a liberdade. Bispo da igreja e genro de Edir Macedo, Renato Cardoso era a segunda figura mais poderosa da denominação pentecostal. Glaidson e a Iurd travavam uma guerra judicial que tinha como centro doações no total de 72,3 milhões de reais, feitas por ele e pela GAS à igreja, entre julho de 2020 e julho de 2021.

No entanto, a questão principal para o Faraó ia além do dinheiro em disputa. Angustiado com a longa temporada na prisão, ele acreditava que a Universal estava por trás da trama contra a empresa que ele dirigia e do seu encarceramento. Embora a igreja nunca tivesse admitido, os clientes mais fiéis da GAS, que jamais abandonaram Glaidson, mencionavam em coro nas redes sociais um suposto episódio, ocorrido dias antes da prisão do CEO: Renato Cardoso teria exigido de Glaidson a lista dos pastores e bispos da instituição que se converteram em consultores e passaram a arrebanhar clientes entre os fiéis. Diante da recusa, teria reagido com retaliações.

No conturbado ambiente de Cabo Frio, atingido em cheio pelo colapso da GAS, ganhou terreno a teoria conspiratória de que havia o dedo da Iurd na operação da Polícia Federal que prendera Glaidson, denunciara os sócios dele e registrara Mirelis na lista de foragidos internacionais da Interpol. Nunca foi comprovada a ingerência da igreja nas investigações, mas a própria Iurd, uma semana após a prisão, se apressou em dizer que colaborava com o trabalho das autoridades e condenava a pirâmide de Glaidson.

Pelo posicionamento da Universal, o Faraó encarnava a imagem de uma ovelha desgarrada, que escolheu o caminho da perdição. Em nota oficial, divulgada logo depois da

Kryptos, a Iurd sustentou que já havia alertado as autoridades e o público sobre suspeitas a respeito da pirâmide financeira montada no interior do rebanho de Macedo.

"Há alguns meses, a igreja recebeu informações de que ele estaria assediando e recrutando fiéis e integrantes do corpo eclesiástico para participar de sua empresa, que demonstrava sinais que caracterizavam algum envolvimento com pirâmide financeira", afirmava o texto.

A nota dizia ainda que a Universal resolvera tomar providências contra Glaidson por entender que um dos alvos da pirâmide financeira "são as pessoas de boa-fé, especialmente das comunidades evangélicas". Na visão da igreja, ali expressa, o sucesso de uma pirâmide financeira dependia da entrada constante de novos investidores, o que explicaria "as empresas buscarem se infiltrar em clubes, associações, corporações e especialmente igrejas, a fim de se valerem do espírito fraterno e da confiança que une seus membros". A Universal garantia ainda que não compactuava com nenhuma atividade ilícita, por mais ganhos que possa gerar. "Ofertas que procedam de engano, fraude e injustiça não têm valor algum para Deus", condenou.

Embora Glaidson tivesse passado por uma vasectomia, suposta exigência da Iurd antes de ordenar seus pastores, o comunicado acrescentava que o Faraó ingressara no treinamento pastoral em 2003 e fora desligado pouco depois por não atender aos padrões do ministério.

A guerra da Universal contra a GAS estava declarada.

"Eles se infiltram nas igrejas para vender ideias, vender sonhos, por saber que a pessoa de caráter, honesta, trabalhadora tem a visão de crescer, porque a palavra de Deus nos chama para crescer. Aí vem o inferno, se infiltra na igreja e começa a oferecer pirâmide, bitcoins. Começa a oferecer um monte de esquema para você cair na lorota, ficar rico fácil", atacou Renato Cardoso, do alto do púlpito, em cena exibida pela Rede Record na semana seguinte à queda do Faraó, em reportagem que também divulgava a nota oficial da instituição religiosa. Ainda pouco depois da prisão de Glaidson, a Universal entrou com uma ação na Justiça, por meio da qual requeria a comprovação da origem dos 72,3 milhões de reais doados ao longo de catorze meses para poder esclarecer as movimentações ao Coaf.

As advertências de Renato Cardoso chegaram tarde. Naquela altura, o inferno vislumbrado pelo bispo ardia solto nas fileiras da Iurd. Quando os gestores da massa falida da GAS divulgaram a lista de clientes lesados, apareceram os nomes de dois bispos do alto-comando da Universal, Honorilton Gonçalves e Adilson Higino da Silva. Entre as vítimas, havia ainda pastores, parentes de bispos e funcionários da TV Record, também pertencente a Macedo. Em novembro de 2022, o colunista Ricardo Feltrin, do UOL,[36] revelou com exclusividade a existência de uma relação de cerca de 160 pessoas lesadas, que sofreram, juntas, um prejuízo de 8,71 milhões de reais, todas ligadas à Iurd ou à Record.

---

36. Disponível em: https://www.uol.com.br/splash/noticias/ooops/2022/11/22/lideres-da-record-e-universal-perderam-r-87-mi-com-bitcoins.htm. Acesso em: 8 dez. 2023.

No Distrito Federal, de acordo com reportagens publicadas pelo site *Metrópoles* em 2021,[37] um grupo de doze pastores estava sendo investigado por desvio milionário de dízimo de fiéis da Universal. A denúncia fora feita pela própria Iurd, que suspeitava que o grupo, liderado pelo ex-pastor regional Nei Carlos dos Santos, teria desviado pelo menos 3 milhões de reais. Todos eles teriam ligação com Glaidson e a GAS.

A reportagem revelou que o nome do ex-pastor Nei Carlos dos Santos constava em planilhas que pertenciam a Glaidson apreendidas pela Polícia Federal. Uma denúncia apurada pela Polícia Civil do Distrito Federal detalhou que Nei dos Santos costumava realizar reuniões em casa na época em que desempenhava funções na igreja.

"Nesses encontros, foi relatado que eles efetuavam operações financeiras (bitcoin) utilizando dinheiro supostamente desviado, proveniente dos dízimos e ofertas. Não é à toa que investigado e ex-pastores abriram diversas empresas nos últimos meses", diz o texto assinado por um advogado da Universal e encaminhado aos investigadores do DF.

Os alertas vindos da cúpula da igreja não barraram as doações do Faraó à Universal. "Em julho de 2021, ele chegou a doar 15 milhões de reais em apenas um dia", afirmou o advogado Luciano Regis, assistente de acusação no caso da morte de Wesley Pessano. Ele também esteve à frente do processo movido por três clientes da GAS contra a Igreja

---

37. Disponível em: https://www.metropoles.com/distrito-federal/nao-roubaras-12-pastores-sao-investigados-por-desvio-milionario-de-dizimo-de-fieis-da-universal. Acesso em: 22 dez. 2023.

Universal. Na ação, Luciano alegou que os 72,3 milhões de reais doados por Glaidson e pela GAS à Iurd eram oriundos de movimentações criminosas. A Justiça decidiu, porém, pelo bloqueio de pouco mais de 1 milhão de reais em contas da igreja.

Obrigado, tio

As preocupações do genro de Macedo não impediram a gravação de um vídeo, que circularia depois da prisão de Glaidson, mas produzido antes da Kryptos, no qual um numeroso grupo de crianças, vestidas com uniforme branco e vermelho, sob um sol intenso, agradeciam ao "tio Glaudison" [sic] pela doação dos recursos que permitiram a reforma do telhado do local da gravação. O cenário era a fazenda Nova Canaã, uma das mais importantes obras sociais da Universal, no interior da Bahia. O dinheiro da GAS resolveu uma dor de cabeça da cúpula da igreja, já que o projeto era um poço sem fundo, mantido por repasses da sede paulista, basicamente, e estava em vias de ser encerrado. "Um beijo e um abraço, tio Glaudison" [sic], agradecia uma menina, entrevistada pelos produtores do vídeo.

Além de grandes doadores, e talvez por isso, Glaidson e outros sócios, como João Marcus Pinheiro Dumas, eram sempre bem recebidos nos cultos, templos e, principalmente, no programa Fogueira Santa. Ambos foram chamados ao altar para dar testemunho de sua prosperidade, quando contaram de um passado pobre e cheio de dificuldades que desembocou em grande fortuna graças a Deus e aos bitcoins. No vídeo da entrevista a pastores, diante de um público atento de fiéis, eles discorreram sobre as dificuldades que haviam enfrentado e como os sacrifícios na Fogueira Santa, além das recorrentes doações a Deus e à Iurd, abriram os caminhos para as criptomoedas chegarem à vida deles. Diante do pastor e do público impressionado com os ganhos que ele enumerou no programa, Glaidson aproveitou a chance para fazer propaganda de como o negócio de trader lhe mudara a vida e era promissor para outros que tentassem o mesmo caminho.

Tudo leva a crer que a relação da Universal com Glaidson, o doador das telhas da fazenda Nova Canaã, foi do vinho para a água no momento em que a cúpula da igreja começou a desconfiar de que seu corpo eclesial, cooptado pelo Faraó, estaria desviando dinheiro do dízimo — ou, no mínimo, recrutando os fiéis — para o negócio da GAS. O grau de preocupação com a evasão de recursos levou o próprio bispo Macedo a se pronunciar nas redes sociais sobre a faxina interna: "Muitos saíram não porque cometeram pecado de adultério, traição ou mentira. Nada disso. [Saíram] Porque acharam mais fácil ganhar dinheiro com bitcoins."

A nota oficial da cúpula da igreja apontava, claro, para o mesmo caminho ao afirmar que, para combater os piramideiros, além dos constantes alertas dados publicamente nos cultos e em programações de TV e rádio, fez rigorosas averiguações no interior da congregação para assegurar que seus oficiais não promovessem e muito menos se envolvessem com essas pirâmides: "É por esse rigor que alguns já não fazem mais parte do quadro de pastores da igreja."

Foi o caso dos pastores Luciano de Oliveira Alves, Júnior Ribeiro e Everdan Calvalcanti Rocha, todos do Rio de Janeiro. Em reportagem assinada por Gilberto Nascimento, publicada no site *The Intercept*, em 7 de abril de 2021,[38] os três acusaram a instituição de quebrar ilegalmente os respectivos sigilos bancários. A ação, segundo a reportagem, teria o objetivo de comprovar movimentações bancárias e aplicações de dinheiro em bitcoins feitas por esses pastores. Os religiosos apontam o bispo Renato Cardoso como o responsável pela investigação ilegal.

Os ex-pastores disseram suspeitar de que os sigilos bancários foram quebrados com a ajuda de uma empresa de tecnologia especializada em mineração de dados e elaboração de dossiês sobre pessoas e empresas, com informações extraídas de diversos bancos de dados. Isso porque a firma está, segundo um denunciante, entre as empresas que buscaram por informações pessoais no Serasa, no período em que ele teria sido investigado.

Os três alvos da investigação interna ficaram impressionados com o grau de conhecimento da igreja sobre as suas operações bancárias, ainda que não houvesse qualquer autorização judicial para que o sigilo fosse quebrado. Eles contaram para o jornalista Gilberto Nascimento que optaram pelos investimentos em bitcoins, depois que o bispo Renato Cardoso iniciou uma cruzada nas próprias fileiras pela redução dos salários dos pastores.

---

38. Disponível em: www.intercept.com.br/2021/04/07/pastores-acusam-universal-de-quebrar-seus-sigilos-bancarios-apos-investimentos-em-Bitcoins/. Acesso em: 2 nov. 2023.

"Para que o pastor da Igreja Universal quer dinheiro? Ele está todo o dia na igreja. De manhã, de tarde e de noite. Ele só veste um tipo de roupa. Ele não tem vida social. Não tem férias. Um dia está num lugar, outro dia está em outro lugar. Vai querer imóveis para quê? Vai querer bens para quê?", questionou Cardoso, em um vídeo nas redes sociais, citado na reportagem do *Intercept*.

Em julho de 2021, mês em que o *Fantástico* denunciou o esquema de pirâmide de Glaidson, um áudio de doze minutos de Renato Cardoso, gravado em reunião da cúpula da Iurd, foi vazado. Ali, ele ameaça jogar duro contra os piramideiros infiltrados na igreja. "A igreja está tomando medidas cabíveis. A gente já sabe que alguns se desviaram. A gente tenta pela palavra, mas aqueles que resistirem a gente entrega o corpo para Satanás mesmo", profetizou.

Amaldiçoado e preso, Glaidson, num primeiro momento, quis contra-atacar. Entrou na Justiça em setembro de 2022 para cobrar os 72,3 milhões de reais doados à Igreja Universal, com pedido de tutela de urgência e indenização por danos morais, no valor de 200 mil. Para ele, a Iurd demonstrou "ingratidão" ao levantar suspeitas sobre a origem lícita dos recursos.

Em entrevista ao jornal *O Globo*, publicada em novembro de 2022, o advogado de Glaidson, David Augusto Cardoso de Figueiredo, disse que não havia dúvidas de que a Iurd agiu de má-fé.[39]

---

39. Disponível em: https://oglobo.globo.com/rio/noticia/2022/11/farao-dos-bitcoins-glaidson-exige-na-justica-os-r-72-milhoes-que-doou-a-igreja-universal-

"A Igreja Universal do Reino de Deus pediu a instauração do inquérito policial para investigar a GAS na Polícia Civil do Distrito Federal em maio de 2021, e, mesmo depois, ainda se locupletam das doações de meu cliente. Não se sentia incomodada com isso", comentou.

A prisão, para piorar, ocorreu quando Glaidson tentava reverter os efeitos da vasectomia. Queria ter um filho natural com Mirelis. Entretanto, à medida que todas as tentativas de o libertar, com muito dinheiro gasto para contratar inúmeros advogados, fracassaram, o Faraó teve de engolir a raiva. Passou a acreditar na teoria que botava a prisão dele na conta de Renato Cardoso. Afinal, o próprio bispo decretou que entregaria as almas sem salvação para Satanás.

Procurada pelos autores do livro por e-mail, único canal oferecido pela Comunicação Social da igreja para contato com a imprensa, a Iurd não respondeu ao pedido de esclarecimento.[40] Um jornalista com experiência na cobertura

---

-do-reino-de-deus.ghtml?li_source=LI&li_medium=news-page-widget. Acesso em: 21 dez. 2023.

40. Lista de perguntas enviada para o e-mail unicom@universal.org.br em 26 de abril e em 7 de maio de 2023: 1. Em reiteradas declarações, Glaidson Acácio dos Santos diz ter sido pastor da Igreja Universal do Reino de Deus. A UNIcom confirma essa relação do ex-fiel com a igreja? 2. A família de Glaidson informa que ele começou a frequentar a igreja com 17 anos e, em 2003, seguiu em missão para a Venezuela. Qual era exatamente a função de Glaidson na representação da Iurd no país vizinho? 3. Será possível informar em que outros países Glaidson esteve em missão pela Universal? Honduras seria um deles? 4. Reportagens disponíveis em sites de pesquisa informam que Mirelis Diaz Zerpa também era missionária da Universal, conheceu e se casou com Glaidson no âmbito da igreja e também virou pastora. A UNIcom confirma as informações? 5. Em vídeo gravado no altar de um templo da Universal, em depoimento à Fogueira Santa,

de assuntos ligados à Universal disse que a Comunicação só responde sobre aquilo que interessa, especialmente quando uma crise ganha alcance nacional. Ele afirma que, em certa ocasião, conversou com um ex-executivo da Rede Record sobre o problema. Esse profissional contou que, quando ainda era ligado à emissora, procurou Edir Macedo para falar sobre a política de comunicação da Record. No encontro, demonstrou a insatisfação que sentia com a mistura de jornalistas e obreiros no setor e o baixo profissionalismo, que beirava o descaso, na relação com a mídia. Macedo respondeu perguntando ao executivo se ele conhecia a história da clara do ovo. "Quanto mais bate, mais cresce. Não liga, não. Não precisamos responder", disse o líder da Universal.

Glaidson disse que foi vítima de um e-mail apócrifo, injustamente atribuído a ele, que lhe custou um problema com a direção da Universal. Mas que, posteriormente, a questão teria sido esclarecida e a autoria atribuída a um bispo dissidente. Essa argumentação encontra respaldo na realidade? 6. A família de Glaidson disse que, depois de um período de mais de uma década de dedicação à Universal, Glaidson teria sido expulso da igreja, retornando ao Brasil contra a sua vontade. Houve de fato alguma punição? Glaidson foi alvo de algum tipo de denúncia de assédio a fiéis da igreja no exterior? 7. Qual a posição da igreja sobre o processo movido por Glaidson, em que ele pede de volta uma doação de R$ 72 milhões à Iurd entre os anos de 2020 e 2021? 8. Ex-clientes lesados de Cabo Frio sustentam que a GAS, de Glaidson, teria sofrido perseguições após o seu dono se negar a fornecer à direção da igreja a lista de pastores que haviam virado consultores da igreja. A UNIcom confirma esse pedido a Glaidson? 9. Em algum momento foi feito um levantamento do número de pastores que usaram do seu status na Universal para arregimentar clientes para a GAS? 10. Que mensagem a igreja tem para os fiéis da Universal que investiram na GAS e foram lesados?

10. Eu investi

"Pingou hoje!"

"O meu vai pingar amanhã!"

A hora do almoço no restaurante Silva era animada por um grupo de clientes da GAS que só crescia. O self-service virou um point do bitcoin, na praça do Sossego, no Centro de Campos dos Goytacazes, no estado do Rio.

"Foi uma febre em Campos e região. Chegou um momento em que todo mundo tava no bitcoin da GAS. Todo mundo convidava todo mundo. Parece que tinham achado uma mina de ouro. Tudo por conta do bit! Quem não entrou tinha medo e ficava ouvindo lá.", lembrou Douglas Rocha, professor de Educação Física, que investiu 20 mil reais no esquema e recebeu apenas duas parcelas mensais antes da quebra.

Nos encontros, muita especulação sobre o que rendia, subia ou caía nas moedas do mundo cripto e, claro, se o dinheiro tinha "pingado" naquele mês. As conversas acaloradas em torno de um futuro melhor chamavam a atenção de curiosos. Muitos se viram capturados pelos novos investimentos e seduzidos por fazer parte daquela onda de ganhos em plena aridez, luto e incertezas da pandemia. Entre risos e boas novas financeiras, aquele grupo parecia apontar uma rota de fuga para a crise que o mundo vivia.

"Todo dia juntava a galera. Ninguém comia em casa. Tava todo mundo com dinheiro, ninguém queria fazer comida mais, não", riu Douglas, um dos poucos do grupo que continuaram almoçando no restaurante Silva depois da Operação Kryptos.

Os encontros em bares, padarias e cafés eram rotina nas cidades em que os negócios de Glaidson e Mirelis deslanchavam, como Campos, Cabo Frio e outros locais da Região dos Lagos. Uma avalanche de clientes confiou no casal e no prometido lucro de 10% ao mês.

Douglas conta que quando saíram as primeiras reportagens na imprensa, ainda em veículos de pouco alcance, o burburinho entre as mesas no almoço era de que tudo não passava de boato, sem muita importância. No máximo, temas para boas risadas, cheias da certeza de que o dinheiro, claro, continuaria pingando como sempre.

"Conheço muita gente que fez a vida com a GAS, ganhou muito mais do que investiu. Eu sempre soube que era pirâmide e falei para todo mundo. O negócio durou nove anos. Quem entrou no início fez dinheiro", disse o professor, que, quando investiu, com a indicação de um amigo que já era cliente, tinha esperança de que a pirâmide durasse um pouco mais para que ele pudesse ganhar com o investimento que havia feito.

"Pensei: vou colocar um dinheiro que eu possa perder. Tinha recebido 150 mil reais e queria comprar um terreno. Tirei 20 mil desse valor e investi com a GAS. Fiz as contas. Nos primeiros dez meses, ia recuperar o capital investido e, como o contrato era de 24 parcelas, as próximas catorze que faltavam eu ia pegar e reinvestir em outras aplicações fora. Com isso, ia conseguir fazer algo em torno de 300 mil", explicou, completando: "Sou muito azarado. Cheguei a pensar 'vou entrar e isso aí vai cair'. E olha que Deus dá sinal. No dia que fui fazer a transferência do dinheiro no banco, não estava conseguindo e tive que fazer um malabarismo. Mandei 5 mil reais, depois mais 5 mil e depois mais 10 mil."

Ele recebeu o primeiro mês. A segunda parcela entraria na conta na segunda-feira, 16 de agosto, dia seguinte ao da veiculação da reportagem do *Fantástico*. No almoço de segunda, no Silva, o grupo, apreensivo, debatia sobre a reportagem. "Falei com a galera, caiu!" Apesar disso, o pagamento daquela semana saiu para todos. O alívio, contudo, duraria pouco. Na semana seguinte, a GAS já não pagaria mais.

Segundo Douglas, o impacto que sofrera não foi sério. Ele continuou com o emprego de funcionário público na Prefeitura de Campos, com o trabalho de treinador em assessoria e eventos esportivos e de personal trainer. O prejuízo, no entanto, despertaria em Douglas a vontade de estudar sobre investimentos. Era uma questão de honra. Ele mesmo passaria a cuidar das aplicações que viesse a fazer. Criptomoedas, porém, nunca mais.

"Conheço gente que perdeu mais de 2 milhões de reais com empréstimos, carro, casa, tudo. Gente que foi levada pela ganância, ficou reinvestindo com a GAS, sem nem antes resgatar o dinheiro investido. Eles viram que estavam entrando as parcelas e botavam mais", disse ele chamando a atenção para os consultores que insuflavam as pessoas a colocar mais dinheiro: "Vai botar mais, não?", indagavam. "Se entrar gente nova, a pirâmide se mantém; se não, ela se rompe", completou.

Muitos perderam quase tudo o que tinham e o que não tinham, já que saíam da tentativa de lucrar com bitcoins com empréstimos que ainda precisariam honrar. As parcelas e o desespero cresciam a cada dia. Famílias inteiras se viram com dívidas coletivas, hipotecas de casas, vendas de bens e sem patrimônio.

Mesmo com os prejuízos, muita gente, segundo ele, seguiu investindo em pirâmides na região, como o amigo que lhe indicou a GAS e perdeu 500 mil reais no negócio de Glaidson e Mirelis. "Logo depois de estourar a pirâmide do bitcoin, surgiu o 'dinheirinho', gerido pela filha do dono da Campos Tour, uma empresa de ônibus que faliu aqui na região."

Mensagens chegavam diariamente no WhatsApp, informando que quem investisse determinados valores receberia o dobro em quinze dias. No início da semana, as ofertas eram de "R$ 100 vira R$ 200", "R$ 200 – R$ 400", "R$ 300 – R$ 600". Os lances aumentavam com o passar dos dias, de modo que, às quintas e às sextas, as mensagens diziam "coloque R$ 5.000 e receba R$ 10.000 e ainda mais".

"Depois que o primeiro recebeu, isso foi igual pipoca, muita gente que tava no bitcoin apostou nesse. O dinheiro de quinta e sexta pagava os pequenininhos de segunda e terça. Eu disse 'Isso aí é golpe. Vai chegar no Natal, essa menina vai sumir com o dinheiro'. Durou seis semanas e, no final do ano, rodou. Nego gosta de perder dinheiro. Não existe almoço grátis. Qualquer coisa que te proponha mais de 1% ao mês é golpe", disse Douglas.

Entre os clientes da GAS, haveria uma divisão em pelo menos três grupos. Os conformados, sem esperanças de reaver o dinheiro, decidiram seguir em frente, assimilando o revés. Os realistas reconheceram a fraude e muitos entraram na Justiça para reivindicar as quantias. Já os defensores de Glaidson e da GAS lutaram para que ele fosse solto e a empresa voltasse a funcionar, pagando os valores mensais. Grande parte dos últimos era de Cabo Frio e região e organizava manifestações, fretava ônibus e gritava "soltem o papai" para pedir a liberdade do Faraó e a devolução do dinheiro que havia investido. Para eles, tudo não passou de um ataque a um homem negro, de origem pobre, que desafiou o sistema bancário e incomodou muita gente — a ponto de ser neutralizado.

"A empresa cumpriu com o tratado com os clientes. Havia contrato, tudo direitinho. Eles pagavam no prazo. Muita gente se levantou com o negócio. Só que incomodou alguns órgãos e bancos por ele [Glaidson] estar tendo muito lucro. Foi um complô contra a GAS", defendeu o cliente Felipe

Henriques Velloso, de 35 anos, vendedor do comércio no Centro de Rio das Ostras, que investiu 10 mil reais e recebeu apenas duas parcelas mensais.

Um amigo apresentou o negócio a Felipe, que trabalhava então num supermercado em Cabo Frio e morava em Unamar, 2º distrito da cidade. "Não tinha nada de errado no negócio dele. Não seria o caso para acontecer isso. Foi injusto, porque ele e a mulher estavam cumprindo com o dever deles. Depois que bloquearam os bens do casal, deu problema. Eles falaram que iam devolver, esperamos, mas aí veio todo esse impasse."

Para Felipe, a culpa pelas perdas que tivera, portanto, não era do CEO da GAS, mas dos bancos, da Justiça e de outras organizações ameaçadas pelo lucro que ele dava aos clientes.

A advogada Carla Dezan sabia que havia algo errado quando conheceu a empresa. Mesmo assim, decidiu arriscar e abrir um leque como investidora. Ela se mudou para o Rio de Janeiro em 2016, mas a família continuou em Cabo Frio. Ao redor dela, vários amigos prosperavam com a GAS. O marido era cliente havia oito meses e ela, havia quatro, quando o negócio ruiu.

"Amigos investiram e retornaram todo o valor. Fiquei animada. Mas hoje vejo como pirâmide. A verdade como realmente é. As pessoas se enganam. Era uma coisa envolvida com igreja. Tinha dinheiro na mala, em casa. Não era organizado", comentou Carla, que apontou também um esquema de liberação de créditos da GAS junto aos bancos, na Região dos Lagos. "A pessoa tinha 5 mil reais e, de repente, aparecia com 100 mil de empréstimo bancário? A empresa induzia", disse ela, apontando que as áreas de construção e do comércio foram as que mais cresceram na região na esteira dos bitcoins.

Formada há vinte anos, com atuação na área imobiliária e em varas de família, a advogada apontou falhas da Justiça na forma de lidar com os clientes. "Quando a gente foi procurar a Justiça, não teve apoio. A forma como a empresa entrou, a Justiça não deveria acolher. Tá tudo errado", criticou.

Em maio de 2022, a juíza Maria da Penha Nobre Mauro, da 5ª Vara Empresarial do Rio de Janeiro, quando ainda se imaginava a possibilidade de recuperação judicial, suspendeu todos os arrestos e bloqueios sobre valores, bens e contas bancárias em todos os processos nos quais a GAS era ré, para sanear as contas. Com a finalidade de reembolsar os credores e investidores, a juíza solicitou ainda à 3ª Vara Federal Criminal do Rio, onde corria o processo por crime contra o sistema financeiro nacional, a transferência dos valores bloqueados para a ação de recuperação judicial, que foi requerida pelos advogados da empresa no curso de uma ação civil pública movida pelo Procon-RJ.

A titular da 3ª Vara Federal Criminal, Rosália Monteiro Figueira, não autorizou a transferência por entender que os valores tinham origem ilícita. Dois anos depois da Operação Kryptos, em agosto de 2023, o imbróglio perdurava. Com a prisão de Glaidson e o bloqueio das contas da empresa, o clima de medo, tensão e dúvida virou realidade na vida de muitas pessoas que perderam os investimentos e deixaram de receber os rendimentos mensais. Além do rombo nas contas bancárias e, em muitos casos, a montanha de dívidas, os ex-clientes ficaram sem entender o que estaria por vir, se receberiam de volta as quantias investidas, como e em quanto tempo isso aconteceria.

"Os clientes são prejudicados e lesados pela falta de atitude, de solução. Na realidade, não há defesa para eles. Os advogados que atuam no caso agem para tirar a responsabilidade da Mirelis e soltar Glaidson. Vejo essas duas linhas como inócuas, pois a Mirelis é responsável e, no meu entendimento, a cabeça disso tudo, e Glaidson está implicado em casos de morte. Mas digo às pessoas: não desistam de seu direito", afirmou, em julho de 2023, o advogado Jeferson Brandão, de Cabo Frio, que investiu 392 mil reais na empresa, assim como a esposa e o escritório, cada um com contratos de 115 mil.

O advogado foi uma das lideranças do movimento pró-Glaidson, logo depois da prisão do Faraó, e esteve presente em quase todas as manifestações, ajudando a organizá-las. "Elas eram cheias de esperança de que tudo seria resolvido", lembrou. Na época, ele questionava o fato de Glaidson não ser solto. "Eu realmente não conseguia entender por que ele não era, ao menos, colocado em prisão domiciliar ou com restritivas de direito. Um amigo, também advogado, me falou um dia que não iriam 'colocar no papel', mas não iam soltar o Glaidson antes da Mirelis aparecer", disse ele, que investiu na GAS depois que um amigo, o sócio Tunay, o convenceu de que ele só teria a lucrar com o negócio.

"Aqui, em Cabo Frio, tínhamos muitos amigos consultores que nos ofereciam esse tipo de investimento. Quando veio a pandemia, eu tive o pensamento de que o mundo iria mudar e eu teria que mudar também. Aí, decidi investir na GAS, depois de três anos em que me ofereciam esse serviço de terceirização de trader", contou.

No entanto, com o desenrolar do caso, o advogado concluiu que a empresa não estava de fato interessada em devolver o dinheiro aos clientes e reconsiderou a posição pró-GAS. "A empresa não estava agindo para pagar. Nunca, em nenhum processo, estava 'eu queria pagar meus clientes'. No meu caminhar, nessa luta, antes defendia que a injustiça havia sido cometida, hoje entendo que a GAS não tinha nenhuma atitude de inocente, o que me fez focar, única e exclusivamente, em lutar pela devolução de nosso capital." Focar, portanto, no que chamou de *Follow the Money* (Siga o dinheiro, em inglês).

Jeferson destacou também a decisão da Justiça, em setembro de 2022, que autorizara a GAS a depositar o dinheiro dos clientes. "Você não está falando que tem dinheiro para pagar todo mundo? Deposita", argumentou ele na época. "Além disso, depois apareceram os crimes de morte. Por que prenderam o Glaidson? Já estavam com as escutas dos homicídios. Ele está no presídio federal porque montou um grupo de extermínio", concluiu.

Desde a Operação Kryptos, a vida de Jeferson mudou tanto que ele migrou de área de atuação no Direito. Instalado em Cabo Frio há catorze anos, o escritório dele trabalhava com ações contra bancos. Com o caso GAS, transferiu o foco para o ramo de golpes financeiros. Ele trabalhava por indicações, recebendo clientes, mas, desde setembro de 2021, se dedicou a alimentar as redes sociais de informações sobre o caso, que lhe deu destaque na campanha pelo ressarcimento dos lesados.

"Hoje, eu entendo que a GAS não era uma empresa e sim uma seita com a devoção aos seus grandes 'líderes libertadores', e hoje vejo que, em muitas camadas dos clientes, consultores, sócios, ainda persiste essa idolatria", reconheceu. A posição do advogado mudou radicalmente desde que esteve com Glaidson pela primeira vez.

"Eu 'tropecei' no Glaidson em Gericinó (presídio na Zona Oeste do Rio de Janeiro), pois eu fui visitar o Tunay e acabei tendo uma conversa de uma hora e vinte minutos com ele. Na época, estávamos preparando uma manifestação pedindo a soltura dele, que me disse 'me representa lá'. A minha percepção sobre ele foi de um homem negro e injustiçado", contou Jeferson. Haveria ainda outras três conversas com Glaidson, que teria dito ter com ele "uma dívida de caráter". Diferentemente de tantos outros, Jeferson nunca pedira ao ex-CEO "nem um café".

Com Mirelis ele esteve apenas virtualmente, em uma reunião on-line que não acabaria bem. Segundo o advogado, ela se mostrou irritada e hostil quando questionada se dispunha de dinheiro para pagar a todos os investidores lesados.

"Luto e peço a prisão da Mirelis. Ela vai presa e para de gastar o dinheiro. Porque não acho que ela tenha diminuído o padrão de vida dela", comentou ele, que a descreve como "calculista" e se diz hoje inimigo número um da GAS.

Na caçada à venezuelana, Jeferson decidiu seguir os passos dela nos Estados Unidos. Esteve na Atlantis University, onde ela havia se inscrito para um curso de língua inglesa.

O vice-presidente de admissão da faculdade revelou então que Mirelis teria frequentado a universidade apenas por um curto período, depois do qual partiu para Orlando. O advogado também foi ao SEC — Comissão de Valores Mobiliários dos Estados Unidos —, ao HSI — uma divisão da ICE e o principal braço investigativo do Departamento de Segurança Interna do país (DHS) —, além do FBI. Neste último, denunciou formalmente o esquema de Mirelis.

"Como ela recebia e pagava em dólares lá, isso se torna crime de acordo com as leis federais americanas. Os clientes cidadãos americanos me apoiaram nessa empreitada", afirmou durante nossa conversa.

11. A escola Madoff

Por mais que um trader seja sagaz, e conheça como poucos a oportunidade de lucros no mundo cripto, é impossível garantir retornos positivos o tempo todo. Não existe o jogo de ganha-ganha. Mas oportunistas como Glaidson e Mirelis vendiam o sonho de renda rápida e constante garantida pela eficiência de um *dream team* de traders. Talvez sem saber, o casal repetiu o *modus operandi* de um norte-americano que ficou conhecido por criar uma fraude financeira que entrou para a história dos Estados Unidos. Bernard Lawrence "Bernie" Madoff, nascido no Queens, Nova York, em 1938, foi o presidente de uma sociedade de investimento que tinha o nome dele, fundada em 1960 — uma das mais importantes de Wall Street. Madoff também se destacou como uma das principais figuras da filantropia judaica. Em dezembro de 2008, foi detido pelo FBI e acusado de fraude. Na ocasião, o juiz federal Louis L.

Stanton congelou os ativos do investidor. Suspeita-se de que a fraude tenha alcançado mais de 65 bilhões de dólares, o que a torna uma das maiores fraudes financeiras levadas a cabo por uma só pessoa.

Somente depois que o esquema foi exposto, as autoridades descobriram que a montanha havia parido um rato: o time de auditores de Madoff, que conferia excelentes resultados financeiros ao negócio e atraía milhares de clientes, não passava de um grupo de pessoas de formação mediana, com baixa experiência em mercado, que cumpria tarefas sem questioná-las e trabalhava em um pequeno escritório isolado, com móveis velhos e equipamentos obsoletos, no andar de cima do imóvel.

O Brasil, à medida que as pirâmides quebravam e se transformavam em escândalos, revelou-se um nicho de discípulos de Bernie Madoff. A ignorância da população quanto a moedas digitais e seus mecanismos de funcionamento, somada à ganância de ganhar muito além do que o mercado tradicional oferecia, inflou uma geração de fraudadores camuflados de operadores de criptomoedas. Gente como Glaidson Acácio dos Santos, o Faraó dos Bitcoins, Francisley Valdevino da Silva, o Sheik dos Bitcoins, Antônio Inácio da Silva Neto, o Antônio Ais, Bueno Aires José e muitos outros encontraram terreno fértil para tenebrosas transações, valendo-se da falta de regulação do mercado e da apatia das autoridades em deter a pandemia das criptopirâmides, enquanto a onda ainda se formava.

Por trás de empresas luxuosas, às quais os donos chegavam em carrões, havia um caos contábil, que misturava as contas físicas e pessoais, sem o menor lastro em criptomoedas, gerido por pessoas sem qualificação profissional, que poderiam, na melhor das hipóteses, ser chamadas de sócios nos golpes. Se a empresa de Madoff chegou a ser a número um de Wall Street, levando o dono à presidência da Nasdaq, a segunda bolsa de valores de Nova York, uma das maiores do mundo, no Brasil, os magnatas dos bitcoins eram vistos pelos clientes como super-heróis das finanças, que os libertariam de um mundo de contas atrasadas e nomes no SPC.

Os Madoff brasileiros contaram ainda com as facilidades tecnológicas, que transformam um desktop ou um aparelho celular numa pequena agência bancária. O golpe também forjou uma classe de lesados conscientes. Pessoas que ficam na espreita, aguardando uma pirâmide começar, para ingressar logo na primeira hora e colher os rendimentos prometidos, apostando em superar o valor investido antes da implosão do esquema. E pouco importa os que vêm atrás, muitas vezes parentes, amigos, vizinhos e colegas de trabalho. No ambiente piramideiro, reina a "lei de Gérson".

As investigações sobre a GAS, do Faraó, revelaram ainda outra camada de clientes: os supostos investidores que recorrem às pirâmides, cientes de onde estão se metendo, com o velado objetivo de lavar dinheiro de origem suspeita. Artêmio Picanço, advogado com mais de 2 mil processos de clientes lesados em fraudes com criptomoedas, disse que as pirâmides vão perdurar enquanto não houver a desarticulação dessa indústria e de todos os envolvidos nela, inclusive gente interessada na existência desses esquemas. Ele afirmou que o golpe sempre é a consequência que precede uma febre social, um comportamento humano, no qual os golpistas se aproveitam de uma eventual onda na sociedade para oferecer taxas de juros acima do mercado, com aparência de legalidade.

Madoff terminou a vida, em abril de 2021, aos 82 anos, atrás das grades. No Brasil, a prisão também foi o destino de Glaidson e outros. Contudo, nem sempre a Justiça foi feita no país conhecido pela impunidade. Outra característica do mundo dos golpistas é o chá de sumiço quando o esquema é descoberto. Antonio Neto desapareceu após a Justiça determinar a prisão preventiva dele em 2023. Os nomes por trás de empresas como Atlas Quantum, Grupo Bitcoin Banco (GBB), Midas Trand, Unick Forex, Indeal, Wolf Invest e Anubis Trade, todos protagonistas de grandes golpes, também fugiram depois que as respectivas pirâmides implodiram.

Danilo Santana, principal responsável por um golpe de 200 milhões de reais com bitcoins e foragido da Justiça brasileira desde 2017, já apareceu em post de um famoso cantor sertanejo em 2021, curtindo uma vida de luxo em Dubai.

O criador da D9 montou um esquema fraudulento que funcionava por meio da internet e tinha como foco apostas em jogos de futebol. Ele incentivava as vítimas a ingressar em um clube de investidores que prometia lucros de 33% ao mês, com pagamentos efetuados em bitcoins. Era pirâmide.

Danilo sumiu assim que o pedido de prisão preventiva foi emitido e reapareceu nos Emirados Árabes, onde se apresenta como cantor. Danilo Dubaiano, nome artístico do fraudador, tinha em meados de 2023, quando a escrita deste livro estava sendo concluída, quase 472 mil seguidores no Instagram e 140 mil inscritos no canal do YouTube. O vídeo em que canta a música "Hipocrisia descarada", incluída no DVD *Sofrência em Dubai*, é o grande hit do canal, com 5,6 milhões de visualizações.

Profissionais sérios do mercado cripto, que padecem com a invasão dos trapaceiros, desconfiam de que grande parte dos criminosos já aplicava golpe idêntico com marketing multinível — um modelo de vendas no qual o operador lucra quando indica outras pessoas para entrar no negócio, geralmente a oferta de um produto como perfume. No caso dos golpistas, o produto é apenas a fachada para a pirâmide, na qual um perfume de 100 reais, por exemplo, é comercializado para trinta pessoas, que o vendem para mais trinta e assim em diante. A lógica é ter sempre gente entrando e convidando outras pessoas.

Outro atrativo é que, por ser uma tecnologia nova que, de fato, fez muita gente ganhar dinheiro, há pouco conhecimento sobre como as coisas realmente funcionam. O baixo nível de educação financeira, cruzado com um marketing agressivo de promessas de ganhos rápidos e fáceis, resultou no fácil convencimento das pessoas. Empresas sérias, que contam com detalhados cadastros da clientela e entendem o setor de compliance como peça-chave dessa engrenagem financeira, chegaram a divulgar vídeos educacionais para blindar os clientes da tentação das pirâmides. É o que conta um trader experiente, que pediu anonimato:

"O cadastro de clientes da corretora onde trabalhei era mais rigoroso até do que o dos próprios bancos. Graças ao esforço para barrar qualquer tipo de dinheiro ilegal e golpistas, a gente nunca teve dor de cabeça. Eu mesmo fiz curso de compliance e gestão de risco, para entender melhor algumas coisas. A gente tinha muitos vídeos educacionais no YouTube, falava em lives semanalmente, tentando informar como não cair em um golpe de cripto. Rentabilidade fácil não existe. Defendíamos que o próprio cliente tivesse a custódia das suas criptos, nunca enviasse para ninguém que oferecesse algo absurdo. Uma vez enviadas, alertávamos, não havia estorno. Nada disso inibiu os golpistas."

Glaidson e Mirelis caíram no ápice da GAS, quando a entrada maciça de novos clientes e a renovação dos investimentos dos antigos sustentavam a operação. Essa regularidade, inclusive, virou o ponto central da defesa da dupla. "A GAS pagava em dia", suplicavam os advogados.

Outros golpistas se revelaram apenas ao quebrar. O aporte de clientes, em algum momento, ficou aquém dos compromissos assumidos. Via de regra, antes de serem presos ou sumirem, culpavam terceiros. Um suposto boicote das corretoras, por exemplo, foi desculpa recorrente. Outros, como Francis da Silva, preferiram responsabilizar a incompetência de funcionários.

A escola do trambique produziu "faraós", "sheiks" e "reis". Para entender como atuam, basta conhecer alguns deles.

Francisley, o Sheik

Os amigos próximos, admirados com a opulência em que vivia, o apelidaram de Sheik.[41] Ele preferia ser chamado de Francis da Silva — o nome de registro, Francisley Valdevino da Silva, nunca lhe agradou.

"Não era fácil para uma criança ser chamada de Francisley Valdevino da Silva", contou certa vez em uma rede social. O bullying era constante. As palavras da mãe depois de um desses episódios, no entanto, teriam mudado a vida dele: "Seu nome ainda será muito lembrado. Você será um grande homem e seu nome estará relacionado a grandes coisas boas e você terá muito orgulho de ser o Francisley Valdevino da Silva." Em pelo menos um ponto ela estava certa: a notoriedade um dia chegaria.

O paulista Francis da Silva começou a vida profissional como funcionário de uma pet shop, onde dava banho e fazia tosa em animais de estimação. Após o primeiro fracasso em negócio próprio com a venda de roupas, foi tentar a sorte em Curitiba. Com um pequeno capital, montou uma empresa de marketing multinível. Os ganhos, porém, não vinham da venda efetiva dos produtos, mas do recrutamento de novos vendedores. As primeiras suspeitas não demoraram: seis meses depois, foi acusado de criar uma pirâmide financeira e resolveu partir para os Estados Unidos.

---

41. Reportagem disponível em: www./oglobo.globo.com/brasil/noticia/2022/06/pf-investiga-esquema-com-criptomoedas-de-sheik-paranaense-que-prejudicou-ate-sasha-meneghel.ghtml. Acesso em: 4 nov. 2023.

Segundo também relatou nas redes sociais, Francis chegou à Flórida em 2016 com 20 reais no bolso. O prognóstico da mãe começou a se realizar quando um homem, que ele disse ter conhecido no supermercado, o apresentou aos bitcoins. Depois de trabalhar em uma empresa de tecnologia, abriu uma operadora própria, mas — por motivos que nunca explicou — acabou voltando para Curitiba no ano seguinte, onde montou a Intergalaxy, pioneira do grupo criado por ele. Com a criação de outra empresa, a InterAG, Francis fechou o primeiro contrato de aluguel de bitcoins em janeiro de 2019 e não parou mais, numa escalada de juros ofertados que chegou a 13,5%.

Um vitorioso empresário, devoto evangélico, amigo de estrelas e extremamente rico. Foi assim, com a autoconstrução dessa imagem de sucesso, que Francis angariou a confiança dos investidores. À medida que o dinheiro entrava, se lançava em dois movimentos simultâneos: afiar a retórica cristã, mostrando-se um fiel na prática, e investir no luxo, quando circulava em helicópteros e aviões privados, numa espécie de ponte aérea Brasil-Emirados Árabes, sempre vestindo roupas de grife.

O fervor cristão lhe abriu as portas do mundo gospel. Sem uma igreja para chamar de sua, Francis montou uma gravadora do gênero e contratou artistas famosos para consolidar uma marca no terreno da fé. Um deles foi João Figueiredo, marido de Sasha Meneghel. Eles já se conheciam de cultos celebrados na Igreja da Lagoinha, em Niterói. Empolgados, ela e o marido investiram 1,2 milhão de reais na Rental.

Francis também lançou moedas virtuais próprias em 2020 e pavimentou uma rede nacional de franqueados. A InterAG foi transformada em *holding* do sistema, enquanto a operação na ponta foi assumida pela Rental Coins, a marca mais popular.

O esquema do Sheik era parecido com o do Faraó dos Bitcoins, com forte atuação nos templos evangélicos, misturando fé e negócios, e o pagamento pontual dos juros prometidos. Para dar um ar de seriedade ao empreendimento, ele recrutou nas igrejas funcionários com idade média de 25 anos, a maioria sem curso superior, que acatavam as ordens dele sem entendê-las ou questioná-las. Inicialmente, se dizia vinculado à Betel Church, conduzida pelo pastor Ademar Ribeiro. O contato com os evangélicos se aprofundou em 2019, quando ele passou a namorar a cantora gospel Isadora Pompeo, que se mudou para Curitiba. O Sheik chegou a iniciar os trâmites para abrir uma igreja, que seria administrada por Isadora e pelo pai da cantora, Josué Carlos da Silva Pompeo, mas o fim do relacionamento abortou o plano.

No apogeu dos negócios, o Sheik embarcou João e Sasha em uma lancha de propriedade dele. O principal mimo, no entanto, era uma mansão em Governador Celso Ramos, balneário catarinense a 50 quilômetros de Florianópolis. Com sete andares, situada no topo de uma colina à beira-mar, a casa simbolizava a vida opulenta de Francis: dezessete suítes com ar-condicionado, duas suítes presidenciais, sala de cinema para quinze pessoas, quatro salas de jantar (sendo uma delas para 48 pessoas), duas adegas, spa, elevador, entre outros requintes. Os amigos chegavam ao local de helicóptero.

Fotos da casa, exibidas nas redes quando Francis tentou vendê-la, mostram detalhes da mansão, de quase 2 mil metros quadrados de área construída. Um salão de beleza com espaço para três pessoas, cadeira para lavagem de cabelo e espelho de ponta a ponta. Na área externa, uma quadra poliesportiva, paredão rochoso de 16 metros com equipamentos de escalada, garagem coberta para doze carros, sauna e jacuzzi com vista panorâmica e heliponto. Uma mesa diante da piscina aquecida, de borda infinita, para os que preferiam "não fazer as refeições na parte interna da casa".

Apesar do rompimento com Isadora, Francis manteve a ascensão em círculos evangélicos, e se aproximou de pessoas como os pastores e bispos Antônio Cirilo da Costa, Deive Leonardo, Edir Macedo e Tiago Brunet. Para ganhar a confiança desses líderes e angariar investidores nos rebanhos de cada um deles, o grupo de Francis fazia vultosas doações às igrejas. Também criou um sistema de franquias e licenciou um grande número de captadores no meio protestante.

A revolução financeira promovida por Francis encantou o pastor Silas Malafaia, que montou com o Sheik a AlvoX, em 2021. A empresa oferecia a um público cristão a oportunidade de empreender com a revenda de produtos gospel, como livros e Bíblias, com ganhos de 10% do valor da mercadoria. Malafaia, na época, passava apertos. Dois anos antes, em crise, a Central Gospel, sociedade do pastor com a mulher, a também pastora Elizete, havia entrado com um pedido de recuperação judicial no valor de quase 16 milhões de reais. O objetivo da parceria com Francis era captar mais recursos para pagar aos credores e arrecadar recursos para a igreja que havia fundado, a Assembleia de Deus Vitória em Cristo.

A parceria foi desfeita assim que começaram a circular os boatos de que o sócio dera calote em investidores do negócio com criptomoedas. "Pulei fora",[42] afirmou Malafaia na época, ao desafiar qualquer pessoa a apresentar provas de que, nos cultos religiosos que ministrava, pedia aos fiéis que investissem na operação do Sheik dos Bitcoins.

Em abril de 2021, o negócio de Francis sofreu outro baque. O diretor comercial de uma das empresas do Sheik, a Compralo, Guilherme Grabaski, sofreu um atentado a tiros e ficou gravemente ferido. Um ex-colaborador disse que a Compralo era o braço destinado aos pagamentos dos investidores. De acordo com a fonte, Francis é dono de centenas de CNPJs, empresas com registros e a burocracia em dia, mas inativas, prontas para serem acionadas a qualquer momento.

Guilherme sobreviveu, mas passou os anos seguintes sofrendo sequelas da emboscada. Ele foi atingido na cabeça, no tórax e em um dos braços. Embora a polícia nunca tenha provado a relação do crime com o aluguel de criptomoedas, o atentado assustou funcionários e clientes. Era o começo do fim.

Os atrasos começaram em outubro de 2021. Dois meses depois, ele parou completamente o pagamento dos aluguéis. Alegou que a empresa passava por uma "reengenharia" e

---

42. Disponível em: www.oglobo.globo.com/brasil/noticia/2022/06/sheik-paranaense-investigado-pela-pf-ja-teve-sociedade-com-pastor-silas-malafaia.ghtml. Acesso em: 8 dez. 2023.

propôs um acordo com os investidores — cerca de 40 mil — que previa o ressarcimento dos aportes em 38 prestações. Para aderir, porém, o cliente precisava assinar um acordo em que renunciava a eventuais ações judiciais. No desespero, muitos assinaram — mas não adiantou nada. Francis chegou a pagar as primeiras parcelas, mas, meses depois, a fonte do Sheik secou em definitivo, o que causou revolta e desespero.

Para piorar, a pretexto de reformular o site do grupo, Francis tirou do ar a plataforma que informava sobre os investimentos individuais. Para esses clientes, ele pretendia, assim, apagar as provas de que embolsou uma fortuna e deu um calote coletivo. Das redes sociais, a fama do Sheik migrou para os gabinetes do Judiciário e das autoridades policiais. Além de figurar no polo passivo de centenas de ações civis, movidas por clientes em busca de ressarcimento judicial, ele virou alvo de uma investigação conduzida pela Polícia Federal do Paraná, aberta a partir de uma parceria do Brasil com autoridades americanas.

Em 3 de novembro de 2022, o vitorioso empresário e dedicado evangélico foi algemado pela PF. Por ordem judicial, era preso preventivamente para evitar o risco de fuga ou a destruição de provas. No âmbito das investigações, a polícia havia descoberto o embuste financeiro que chegou a contar com 240 microempreendedores falsos. Estimativas indicam que ele teria arrecadado 1 bilhão de reais.

Após o calote, Sasha e João Figueiredo processaram o empresário. Wesley Safadão, um dos amigos VIPs do Sheik, recebeu um jato como parte do pagamento de uma dívida, adquirida por um compromisso não honrado — as duas partes não esclareceram, mas tudo indica que se tratava de juros prometidos e não pagos por Francis. Antes de ser preso, enquanto se desdobrava em desculpas para justificar os atrasos, o Sheik avaliou que era preferível pagar logo ao Safadão a ficar exposto por um calote no artista. A PF também apurou que, no início de 2022, ele contratou a cantora e ex-participante do programa Big Brother Brasil Gabi Martins para o lançamento de publicidade nas redes sociais, a fim de recuperar a falsa imagem de credibilidade.

Em julho de 2023, após oito meses de cadeia, Francisley estava na rua, livre. Ao soltá-lo, a Justiça alegou excesso de prazo. Entendeu que não havia mais motivo para mantê-lo preso enquanto aguardava o julgamento pelos crimes cometidos. Ele ganhou as ruas em silêncio.

Antônio Ais, o homem que inventou o "milhão"

O São João de Campina Grande, cidade paraibana a 126 quilômetros de João Pessoa, dura 31 dias. A festa junina mais famosa e longa do país ganhou, em 2022, mais um atributo: a inovação tecnológica. *Tokens* foram espalhados pela área do evento, especialmente o Parque do Povo, o epicentro, para pagamento de serviços, bebidas e alimentos da festa. Uma criptomoeda própria, o "milhão", servia para todas as transações. Por trás de tamanha novidade digital, luzia o trader Antônio Inácio da Silva Neto, o Antônio Ais, dono da BraisCompany, patrocinador número um e dono do camarote mais badalado do São João daquele ano.

Em dezembro, seis meses depois de apagada a fogueira da festa, os atrasos começaram. Antônio Ais, o orgulho da terra que apontava a segurança nos negócios como valor mais importante da empresa que administrava, retirou do ar o sistema de pagamentos dos clientes e deixou um rombo de 2 bilhões de reais, pelas contas da Polícia Federal, com cerca de 10 mil investidores. O esquema da BraisCompany consistia em alugar bitcoins dos investidores, que ficam custodiados em uma carteira gerida pela empresa, em troca de rendimentos mensais de 8% a 10%.

A mesma febre de Cabo Frio contaminou a cidade paraibana. Investir em bitcoins virou moda no lugar. Até 2018, os clientes precisavam de certo volume de recursos para entrar no negócio da BraisCompany. Pouco depois, porém, a exigência caiu. Para tornar-se investidor, bastava ter 2 mil reais no bolso. A empresa, rapidamente, passou a ser o carro-chefe da economia da cidade, a segunda mais populosa da Paraíba, com mais de 600 mil habitantes concentrados na Região Metropolitana. Tamanho apetite encorajou outros traders a também montar bancas.

Quando os atrasos começaram, no dia 20 de dezembro, Antônio Ais alegou que a Binance, a maior corretora de bitcoins do mundo, havia suspendido as operações da BraisCompany por problemas com outra empresa brasileira. Prometeu restabelecer os pagamentos em 72 horas, mas os atrasos se ampliaram até a suspensão em definitivo dos créditos. O estilo era o mesmo dos outros golpistas: um discurso recheado de termos técnicos, uma oferta de rendimentos fabulosos e um estilo de vida milionário exibido nas redes sociais, com fotos ao lado de celebridades como Ronaldinho Gaúcho e Lionel Messi, o que dava a entender que o cliente também poderia chegar lá.

O trader que gostava de circular ao lado de celebridades atraía a clientela VIP pregando uma saída "para os que querem se libertar do sistema financeiro tradicional". Um dos investidores foi o ex-pugilista Acelino Freitas, o Popó, que admitiu ter aplicado na BraisCompany 1,2 milhão de reais. Indagado sobre o calote, Popó disse que não pretendia recorrer à Justiça para recuperar o dinheiro. Alegou que era amigo de Antônio Ais e que, se perdesse o investimento, "tudo bem".

O humorista paraibano Lucas Veloso, que chegou a divulgar o negócio de Antônio Ais pelas redes sociais, foi mais ágil. Ao suspeitar que a empresa era uma pirâmide disfarçada, conseguiu retirar as aplicações em novembro, um mês antes do calote, e foi às redes pedir aos seguidores dele que fizessem o mesmo. Lucas, além de pedir que o fundador da BraisCompany devolvesse "o dinheiro do povo", criou o personagem "Chico Bitcoin", para denunciar o golpe. Em um dos esquetes, Chico, pendurado no celular, aparece com o mesmo estilo de roupa e corte de cabelo do golpista e tenta tranquilizar os investidores:[43]

"Bom dia, Brasil. Está tudo certo. Os pagamentos estão sendo disparados. O jurídico está trabalhando *full time*. Estou tendo reunião o dia inteiro. Não se preocupe. Tá tudo bem. É um padrão."

---

43. Disponível em: www.youtube.com/watch?v=onvmP6pWGr8. Acesso em: 5 ago. 2023.

O pronunciamento é interrompido por batidas na porta: "Polícia, seu golpista, devolva o dinheiro."

Chico Bitcoin larga o celular, coloca as últimas peças de roupa na mala e foge desesperado.

A batida real na porta de Antônio Ais e sua esposa, Fabrícia Campos, ocorreu durante a Operação Halving, deflagrada pela Polícia Federal em 16 de fevereiro de 2023. Contudo, ninguém atendeu. O casal havia fugido dias antes. Já em fuga, Antônio divulgou um áudio para, mais uma vez, dizer que estava tudo bem, era apenas uma operação de rotina da polícia:

"Olá, pessoal, muito bom dia. Fui acordado com ligações do meu jurídico e do segurança. Hoje está tendo uma operação de busca e apreensão na BraisCompany. Alguns de vocês podem ser chamados para depoimentos. Fiquem em paz e tranquilos. Se for chamado, vá prestar as informações. Eu e Fabrícia [esposa e sócia do empresário] já fomos chamados, já prestamos as informações necessárias, entregamos documentações necessárias. [Vocês] Só precisam falar a verdade. Como trabalham. Se perguntarem quando começaram os atrasos, começaram em dezembro. Só a verdade. Fiquem tranquilos, o jurídico já está trabalhando, vamos saber quais as documentações que eles querem, as informações. Precisam entregar o que eles pedem. Isso já aconteceu aqui em São Paulo também. Nós fizemos as entregas que eles pediram. [Esse] É mais um procedimento, fiquem em paz, fiquem tranquilos. Estou à disposição de qualquer um de vocês."

A referência a São Paulo e a tudo o mais da mensagem era falsa. O chefe da BraisCompany foi o primeiro a não seguir o próprio conselho sobre dizer a verdade. Naquela altura, Antônio Ais e Fabrícia estavam longe do alcance da Polícia Federal. Dias antes do carnaval, o perfil do golpista dava como sua localização a Argentina. Quando os sites especializados divulgaram a suspeita, ele desativou a ferramenta de localização. Em junho de 2023, nova operação da PF prendeu ex-funcionários da empresa na fronteira entre Foz do Iguaçu (PR) e Puerto Iguazú, na Argentina, um indicador de que as investigações estavam chegando perto do casal, cujos nomes constavam nos alertas da Interpol.

Por meio de seus advogados, o casal declarou que só se entregaria às autoridades se os pedidos de prisão contra eles fossem revogados. O golpe foi enquadrado na lei que define os crimes contra o sistema financeiro nacional. As penas previstas na lei atual, se somadas, ultrapassam doze anos de reclusão, além do pagamento de multa. Os investigadores apuraram, ainda, que, quando as primeiras rachaduras na pirâmide surgiram, eles correram para desfazer o patrimônio. Um dos bens mais valiosos, um jato Hawker 400 com capacidade para oito pessoas, no qual Antônio costumava se deixar fotografar em viagem com jogadores e ex-jogadores de futebol, foi vendido a uma empresa da área de saúde em janeiro de 2023 — o avião é avaliado em 7,4 milhões de reais.

O escândalo em Campina Grande não foi um fenômeno isolado. Os golpistas do bitcoin migraram os esquemas para o interior do país quando as fraudes aplicadas nas grandes cidades brasileiras ficaram cada vez mais conhecidas. Na época em que a Operação Kryptos prendeu Glaidson, em 2021, crescia o número de pirâmides financeiras disfarçadas de operações com criptomoedas em municípios de médio e pequeno portes, como Cabo Frio e Campina Grande. O jornalista Cláudio Rabin, do Portal dos Bitcoins, explicou que a migração dos golpistas estava relacionada à necessidade de fugir dos holofotes e de assediar um público desavisado.

Um equívoco frequentemente repetido apregoa que "o mundo cripto é uma terra sem lei". Nunca foi. Obter vantagem indevida, em prejuízo alheio, mediante fraude — com cripto ou sem cripto —, sempre foi estelionato, advertiu o procurador da República Alexandre Senra, coordenador à época do Grupo de Trabalho "Criptoativos" do MPF. Para ele, o problema que de fato existia no país era uma ausência de suficiente regulamentação específica, parcialmente superada com a Lei nº 14.478/2022 e o Decreto nº 11.563/2023, que entraram em vigor em junho de 2023.

As três novidades penais da lei, destacou Alexandre Senra, foram a hipótese de aumento de pena para crime de lavagem com ativos virtuais (artigo 12), a criação de um estelionato específico (artigo 10º), com o uso de ativos virtuais, cuja pena mínima é de quatro anos de prisão — quatro vezes superior à pena mínima para estelionato comum —, e a equiparação penal entre prestadoras de serviços de ativos virtuais e instituições financeiras regulares (artigo 11).

Isso bastará para se impedir novos golpes? O marco legal, certamente, vai complicar a vida dos próximos faraós e sheiks. Foi dado um passo importante contra a impunidade. Os mais céticos, porém, acreditam que os bitcoins foram só mais uma isca. Enquanto subsistir cobiça, somada à desinformação, a porta permanecerá aberta para novos golpistas.

12. "Me tirem daqui"

No presídio de segurança máxima de Catanduvas, no noroeste do Paraná, a comunicação entre os presos se dá, basicamente, pelo grito. Como eles têm apenas duas horas de banho de sol por dia para conviver com os outros detentos, assim mesmo em grupos reduzidos, até os jogos de xadrez são berrados de uma cela para outra. Cada adversário tem um tabuleiro desenhado numa folha de papel e anuncia em voz alta o movimento de sua peça. Mesmo assim, com todas as dificuldades de convívio, Glaidson conseguiu encantar algumas das lideranças do Comando Vermelho (CV), presas ali há muito mais tempo do que ele, para as maravilhas das operações com bitcoins.

Em agosto de 2023, de acordo com advogados que visitavam rotineiramente a unidade, pelo menos três líderes, Márcio dos Santos Nepomuceno, o Marcinho VP, Cláudio de

Souza Fontarigo, o Claudinho da Mineira, e Carlos Eduardo da Rocha Freire Barbosa, o Cadu Playboy, tentavam aprender e pediam compêndios sobre o assunto.

"Glaidson chegou no sistema penitenciário federal e inicialmente ficou isolado dos demais detentos. Após um mês, foi colocado na vivência com presos do estado do Rio de Janeiro, onde as celas são individuais e todos passam 22 horas recolhidos, saindo para banho de sol em grupo reduzido por duas horas. Eles conversam falando alto entre as celas, e tudo é monitorado e gravado pela segurança da unidade. Existe uma solidariedade entre os presos nessa condição de masmorra em que estão inseridos. Depois da chegada de Glaidson alguns despertaram interesse e passaram a ler livros sobre criptoativos", revelou a advogada Flávia Fróes, conhecida por defender líderes de facções.

Fundado pelos traficantes Rogério Lemgruber e William da Silva Lima, o Professor, com o apoio de José Carlos dos Reis Encina, o Escadinha, na virada dos anos 1970 para 1980, o Comando Vermelho nasceu nas celas do sistema prisional fluminense. Em contato com os presos políticos em pleno regime militar, os cabeças do tráfico aprenderam as primeiras lições de economia e a lançar mão de ações violentas utilizadas pelos guerrilheiros, passando a praticar assaltos a bancos e sequestros. Muitas vezes, estratégia mais eficaz para ganhar dinheiro e acumular poder. Ao ser criada, a organização criminosa se chamava Falange Vermelha e tinha até um lema: "Paz, Justiça e Liberdade."

Em Catanduvas, meio século depois, a cadeia continuava

sendo um espaço de aprendizagem para os chefões do narcotráfico, entrando agora no mundo virtual.

Transferido em janeiro de 2021 do Complexo Penitenciário de Bangu, na Zona Oeste do Rio, para o presídio paranaense, Glaidson vivia permanentemente, como os demais detentos, em Regime Disciplinar Diferenciado (RDD). Em presídios comuns, o regime é tido como castigo para o preso indisciplinado. Em Catanduvas, era regra. Com capacidade para 208 presos, o lugar tem celas individuais de 7 metros quadrados, sem janelas. Os banhos de sol ocorrem em grupos de, no máximo, dez pessoas. O visitante passa por quinze portões até chegar ao local de visita ao detento. Cada preso permanece 22 horas na cela e, ao contrário do restante do sistema, não há visita íntima.

"Me tirem daqui, não aguento mais", era o apelo que Glaidson sempre repetia aos advogados, antes de chapar a mão no vidro do parlatório para encontrar a do defensor.

A transferência para Catanduvas foi iniciativa do juiz Marcello Rubioli, titular da 1ª Vara Criminal Especializada em Organização Criminal do Tribunal de Justiça do Rio de Janeiro. No pedido de vaga ao juiz federal corregedor do Paraná, Paulo Sérgio Ribeiro, Rubioli argumentou que Glaidson comandava a organização criminosa mesmo preso: "Indiscutível que causa sobremaneira vulnerabilidade não só ao sistema carcerário como à ordem pública a presença do acusado, mormente porque boa parte dos seus sicários se encontram foragidos, entretanto, visitando-o. Além disso, é comprovada a tentativa de fornecimento de aparelhos celulares ao mesmo para que, com certeza, continue a gerenciar a operação não só de fraude ao sistema financeiro nacional como de homicídios e opressões."

Bem mais magro, pela dieta compulsória provocada pelas refeições diminutas,[44] o Faraó vivia em um ambiente claustrofóbico, onde não havia TV ou rádio. As cartas eram controladas, lidas pelo setor de inteligência e liberadas apenas depois desse filtro. O acesso dos presos à leitura passava por censura prévia e, em alguns casos, páginas de revistas eram suprimidas. Não era permitido que entrassem nas celas, por exemplo, propagandas de lingerie ou com mulheres de biquíni.

Um parlatório com vidro blindado e interfone é o máximo de espaço para um encontro com os visitantes. Não há nenhum meio de contato físico. As visitas, tanto dos parentes quanto dos advogados, são filmadas e acompanhadas em tempo real pelo setor de inteligência da unidade e pelo setor de controle no Departamento Penitenciário Nacional (Depen), em Brasília. Além dos advogados, Glaidson recebia a mãe, Sônia — em média, duas vezes por mês —, a irmã, Lorrane Acácio, e um amigo dos tempos de igreja. Quando solicitava atendimento médico, tinha de fazê-lo por meio de telemedicina, por videoconferência.

O Faraó, inicialmente, estava em uma galeria ladeado por Marcinho VP, Claudinho da Mineira e Cadu Playboy. Como a porta da cela não é de grade, mas de chapa de ferro, só conseguiam conversar entre eles falando alto. Mesmo es-

---

44. Em Catanduvas são servidas, diariamente, quatro refeições: café da manhã (7h), almoço (12h), jantar (18h) e lanche da noite (20h).

sas "vivências" eram monitoradas, pois tudo o que os presos conversam em Catanduvas fica gravado.

Inaugurado em 2006, Catanduvas foi o primeiro presídio federal de segurança máxima. Na época, o então ministro da Justiça, Márcio Thomaz Bastos, alegou que as vagas abertas seriam qualitativas, "para fazer intervenções cirúrgicas e tirar os cabeças das quadrilhas".[45] O local teve, durante os primeiros meses, um único interno: Fernandinho Beira-Mar. Ele chegou ali no mês seguinte ao da inauguração.

Em agosto de 2023, Glaidson completou dois anos de cadeia sem ter uma condenação. Pelo risco de fuga, constrangimento de testemunhas ou destruição de provas, era mantido em prisão preventiva por força de cinco mandados.[46] O principal, a razão mais forte para mantê-lo atrás das grades, era a morte do trader gaúcho Wesley Pessano Santarém. Na desconstrução da imagem do CEO inovador, bonachão, que distribuía lucros extraordinários sem atrasar o pagamento, nada era mais forte do que a dor do casal Fabrício e Carla Santarém.

"Ficamos indignados. Em nenhum momento essas pessoas falam tudo o que ele [Glaidson] fez. Alegam que é preciso separar os CPFs, que a empresa é outra coisa. Mas ele

---

45. *O Globo*, 24 jun. 2006, página 11: "Três anos depois, o primeiro presídio federal."

46. Cinco preventivas: morte de Wesley Pessano e tentativa de homicídio contra Adeilson José da Costa Júnior; tentativa de homicídio contra Nilson Alves da Silva, o Nilsinho; tentativa de homicídio contra os sócios da Black Warrior; crime contra o sistema financeiro nacional (Operação Kryptos); participação em organização criminosa (Operação Novo Egito).

é uma pessoa só, que fez tudo isso. Wesley foi arrancado da gente", desabafou a mãe, Carla.

A família sofria a cada ataque à memória do rapaz. No mundo paralelo criado pelos clientes mais fanáticos da GAS, Wesley ora era um jovem que flertava com mulheres casadas da região, ora tinha laços com o narcotráfico. Tudo isso, propagado nas redes sociais, tinha o objetivo de inocentar Glaidson e vê-lo de volta ao mercado. Foi nesse ambiente que surgiu o argumento de que era preciso separar os CPFs. Tudo bem se Glaidson continuasse réu em crimes de sangue. A GAS era outra coisa.

Por temer que a pressão pudesse contaminar o júri popular que julgaria Glaidson e outros onze acusados pelo homicídio, a família acionou o advogado Luciano Regis para pedir o desaforamento do processo — na prática, a transferência do caso para uma comarca maior. O advogado apontou que Glaidson, pelo dinheiro envolvido na quebra da GAS, exercia forte influência em Cabo Frio.

Todos os dias, pela manhã, desde o crime, Carla se lembrava de que o filho mais velho, assim que acordava, entregava uma cuia de chimarrão e perguntava qual seria o cardápio do almoço. As lembranças provocam lágrimas. A mãe disse que a família nunca mais recuperou o rumo e abandonou de vez o hábito de fazer planos futuros. Era viver agora um dia depois do outro, enquanto aguardavam a data do julgamento para comprar as passagens aéreas.

Na busca desesperada por uma tese jurídica que o livrasse da cadeia, Glaidson promoveu uma ciranda de advogados em torno dos processos penais a que respondia. Entre agosto de

2021 e setembro de 2023, treze advogados, a maioria criminalista, haviam passado pelas ações, sem conseguir liberá-lo. Alguns deles, cujos nomes foram omitidos por razões profissionais, revelaram que os honorários eram pagos por Mirelis. A venezuelana fazia reuniões on-line com os defensores, nas quais costumava reclamar da quantidade de dinheiro gasta com a defesa, sem que os resultados compensassem.

Da carreira política às teorias da conspiração

Em 3 de junho de 2022, enquanto continuava preso em Gericinó, Glaidson anunciou a pré-candidatura a deputado federal pelo partido Democracia Cristã (DC) do Rio de Janeiro, ao qual se filiara dois meses antes. O post do anúncio, publicado no perfil @glaidsonacaciodossantosoficial, no Instagram, exibia a imagem do Faraó sorridente com um microfone em punho e um braço para o alto. Um pregador no auge. Ao lado, a frase: "Se engana quem me chama de ex-garçom, quando, na verdade, sou um eterno garçom. Agora com a futura missão de servir ao estado do Rio de Janeiro e ao Brasil." Em seu registro no Tribunal Superior Eleitoral, Glaidson declarou possuir mais de 60 milhões de reais em bens.

A candidatura, no entanto, seria barrada em setembro. Os desembargadores responsáveis por julgar o pedido de impugnação consideraram que ele não poderia concorrer ao pleito por ser dirigente de estabelecimento financeiro, objeto de processo de liquidação, segundo consta na Lei da Ficha Limpa. Glaidson estava, a princípio, fora da disputa, mas o nome dele não foi retirado das urnas porque a decisão do TRE/RJ estava sujeita a recurso. Em 2 de outubro de 2022, ele receberia mais de 37 mil votos — número insuficiente para que chegasse à Câmara Federal, mas significativo, se for levado em conta a vasta publicização das fraudes de que era acusado, além da acusação de que seria o mentor da tentativa de assassinato de Nilson Alves da Silva. Resta saber quantos desses 37 mil votos foram de ex-clientes da GAS, os quais acreditavam que, uma vez eleito e livre da cadeia, Glaidson teria mais chance de repor parte dos valores investidos.

"Nós, clientes, apoiamos a candidatura dele na esperança de receber nosso dinheiro de volta", contou o advogado Jeferson, que, quando esteve com o Faraó em visita no presídio, disse ter ouvido dele: "Se eu não ganhar a eleição, eu lavo minhas mãos."

Do grupo mais fanático de clientes da GAS, que votou em Glaidson e trabalhou para que ele ganhasse mais votos, o professor de teologia Marlon Raul Lima se destacou pela verborragia nas redes sociais, nas quais defendia um rol de teorias conspiratórias para explicar a prisão do CEO da GAS. Da Igreja Universal do Reino de Deus aos grandes bancos, da grande imprensa às famílias ricas, todos tinham algum motivo para acabar com a GAS.

Com olhar desconfiado e fala pausada, o "Professor", como ficou conhecido, parecia personificar o detetive de um thriller de suspense, cercado de suspeitos. Depois de uma respiração profunda, dizia numa das lives transmitidas pelo perfil "Verdade GAS", no Instagram, o principal canal de comunicação que ele utilizava:

"Como foi feita essa desarticulação [da GAS]? Na verdade, costumo dizer que tudo isso é um animal com diversos tentáculos. Uma espécie de polvo, uma lula gigante. Um desses braços tem esse viés político, organizacional. A empresa foi vítima. Já demonstrei com provas. Pro-vas!"

Escritor, conferencista, professor, mentor e empreendedor de projetos sociais "dentro e fora do país", como se apresentava nas redes sociais, Professor atuava como pastor de um movimento cristão denominado "Impacto Radical". Em seu site, a Agência Impacto Radical (Agir), o braço operacional do movimento, explicou que o objetivo dele é levar o cristão a refletir e valorizar mais a liberdade dentro da ideia de uma "igreja livre". Para isso, promovia um acampamento voltado para pessoas com mais de 18 anos onde, durante três dias, elas eram "odiadas" e "perseguidas", na perspectiva de uma "igreja perseguida".

Marlon, porém, se desligou do Impacto Radical após a crise na GAS. Também interrompeu as aulas de teologia na Unigranrio. Cadeirante, alegou problemas de acessibilidade. Livre dos compromissos, passou a se dedicar, em tempo integral, ao movimento pela liberdade de Glaidson e pela reabertura da GAS. Gostava de usar um nariz de palhaço nas manifestações públicas, como forma de demonstrar que os clientes estão em igualdade de condições com Glaidson e Mirelis, como alvos de uma tirânica campanha de destruição do projeto do casal.

"Um grande conluio foi armado. Nós todos estamos envolvidos. Somos vítimas dessa grande armação jurídica. Precisamos estar atentos a essas movimentações, para que possamos entender e reagir às injustiças praticadas", pregou na live.

O discurso de Marlon, com palavras radicais, apresentava certo padrão: ele raramente dava nome aos bois. Citava advogados, políticos, bancos e outros mais que estariam reunidos na "grande conspiração", sem, porém, identificá-los:

"Pela forma como estava operando, a GAS era uma grande ameaça a todo o sistema financeiro mundial. Não é difícil encontrar diversas pessoas que deixaram de investir em bolsa de valores, bancos. Milhares de pessoas pegaram dinheiro emprestado nos bancos e passaram a investir na GAS. Houve uma quebra de paradigma. Deixaram de investir em algo que faziam há centenas de anos. Por isso, a empresa era uma ameaça a toda essa estrutura. Ela precisava ser parada em algum momento. Glaidson e Mirelis precisavam ser parados pelo sistema."

Quando ficava algum tempo fora do ar, Professor alegava que estava estudando os fundamentos da teoria que formulara. Para ele, a base do sistema financeiro, o tal "animal com os seus tentáculos", era formada por sete colunas: política, jurídica, cultural (no caso, o jornalismo), religiosa, infiltrados, "Equilíbrio de Nash" (teoria de um matemático norte-americano baseada numa situação em que os indivíduos ou jogadores não têm incentivos para mudar a estratégia adotada a partir das decisões dos oponentes) e superpoderosos (os ricos e as respectivas famílias).

Em uma das vezes que pôs o nariz de palhaço, Marlon se juntou a um pequeno grupo de clientes para um protesto em frente ao escritório do advogado de Glaidson, David Figueiredo, denunciado como mais um braço do tentáculos articulados contra a família GAS. Munidos de um megafone, os manifestantes criticaram até a mãe do Faraó dos Bitcoins, que, segundo eles, teria maquinado um acerto com David para manter Glaidson preso e se beneficiar com isso.

O Professor tinha explicações para o interesse de cada uma das sete colunas na eliminação da GAS. Sobre os infiltrados, por exemplo, ele disse:

"A empresa foi vítima de ataques à sua cibersegurança que revelaram uma clara ação de milícias, relacionadas a políticos e policiais. Essa milícia se infiltrou na empresa. No rastreio, se vê de forma clara a influência, dentro dessa milícia, de policiais e políticos renomados. Todos com interesse de que dê muito ruim para todos nós", disse Marlon, cujo empenho maior, dois anos após a prisão de Glaidson, era fortalecer a mesma tese defendida pelos advogados do Faraó: de que a empresa sempre pagou em dia e não havia nem sequer notícia de insatisfação entre os funcionários.

Nas raras ocasiões em que nomeou claramente uma das forças contra a GAS, citou a Igreja Universal, que teria trabalhado pela destruição da empresa. Segundo ele, eliminava-se assim a concorrência dentro dos templos dela, exercida por Glaidson e Mirelis, e a ameaça que o sistema criado pelo casal representava para a arrecadação de dízimos.

Certa vez, em maio de 2023, Professor esbarrou com um dos autores deste livro na casa de uma criminalista. Observou-o com desconfiança antes de falar alguma coisa. Passado um tempo, mais relaxado, disse que Glaidson destruiu o princípio de hierarquia e disciplina que regia a relação da cúpula da Universal com os pastores da instituição.

"Eles [a Iurd] gostavam de citar Lucas 9:62. O salmo prega: 'Mas Jesus lhe disse: Todo aquele que põe a mão no arado e olha para trás não está apto para o Reino de Deus.' Então, quem largasse o arado seria amaldiçoado. Viraria mendigo. Mas Glaidson provou que não. Os pastores que aderiram à GAS melhoraram de vida. Por isso, ele era uma ameaça."

Sobre as autoridades que estiveram à frente das investigações, Professor fez pouco caso. São todos, para ele, testas de ferro de uma força maior, oculta e poderosa.

GAS vai à falência

Três meses antes, em fevereiro de 2023, a juíza Maria da Penha Nobre Mauro, da 5ª Vara Empresarial da Capital do Rio de Janeiro, após receber um relatório da Comissão de Valores Mobiliários (CVM) que atestava a ilegalidade do negócio, interrompeu o processo de recuperação judicial da empresa e decretou a falência da GAS. Foi o maior processo conduzido pela Justiça fluminense, em número de credores — quase 90 mil. A decisão foi uma pá de cal em quem ainda acreditava na volta da empresa e na retomada dos pagamentos mensais a juros de 10%.

A propósito, não se via nas manifestações públicas dos mais exaltados um brado a favor de ressarcimento ou devolução do dinheiro. Para a ala radical, quem recorreu à Justiça para reaver o investimento estava roendo a corda. Era traidor da causa.

O relatório da Comissão de Valores Mobiliários, produzido pela Superintendência de Registro de Valores Mobiliários, dizia que a GAS havia praticado operação fraudulenta no mercado. Um dos itens imputados à empresa foi a promoção de oferta pública de valores mobiliários sem o registro previsto. Convencida de que não poderia deferir a recuperação de uma empresa que operava na ilegalidade, a juíza optou por atender ao pedido de falência feito por um dos credores, em processo ajuizado em Cabo Frio. Ela também temia que, em eventual decisão a favor da recuperação, a medida pudesse ser usada como argumento de defesa da instância criminal.

Nomeado administrador judicial da falência da GAS pela juíza, o Escritório Zveiter cadastrou os credores da empresa no site dele próprio. Para provar os créditos declarados, os clientes apresentaram o contrato assinado com a empresa de Glaidson, as notas promissórias emitidas por Mirelis e os comprovantes de depósito dos valores investidos.

O cadastro, que ofereceu para os interessados, além dos dados básicos, um espaço para comentários, é o documento mais expressivo do desespero que tomou conta dos investidores após a falência. Muitos relataram que investiram na GAS a economia de uma vida, tomaram empréstimos, venderam imóveis, carros e motos, fizeram crédito consignado, limparam as contas correntes e de poupança e usaram heranças recebidas.

O desafio dos gestores da massa falida, liderados pelo Escritório Zveiter, nomeado por Maria da Penha, era rastrear os ativos — majoritariamente bitcoins — e ressarcir os credores, levando em conta uma dívida total estimada em 9,9 bilhões de reais.

O rombo cresceu ainda mais em agosto de 2023, depois que a CVM decidiu, em julgamento unânime, condenar Glaidson, Mirelis e a GAS a pagar uma multa de 34 milhões de reais, cada um, no total de 102 milhões, pela promoção de oferta pública de valores mobiliários sem registro e/ou dispensa da Comissão. Eles também ficam proibidos por 102 meses (oito anos e meio), cada um, de atuar, direta ou indiretamente, em qualquer modalidade de operação no mercado de valores mobiliários brasileiro, pela acusação de operação fraudulenta no mercado de valores mobiliários.

Glaidson depõe na CPI das pirâmides financeiras

Depois de uma sucessão de golpes milionários que envolviam criptomoedas, o deputado federal Áureo Ribeiro (Solidariedade-RJ) propôs a criação da CPI das Pirâmides Financeiras com uso de Criptomoedas. Aprovada pela Câmara dos Deputados em maio de 2023, a CPI teve início em julho, presidida por Áureo, com 34 titulares. Entre os depoentes, foram chamados os réus das mais importantes ações penais por golpes financeiros com criptomoedas.

Glaidson prestou depoimento no dia 13 de julho. Ele apareceu de blusa social branca de manga comprida, gravata azul-marinho e óculos, em uma sala da prisão federal de segurança máxima de Catanduvas, na Região Oeste do Paraná. Por vídeo, transmitido em tempo real à sessão da CPI, em vez do homem de aparência rechonchuda, rosto bem arredondado e sorridente — como estampado em fotografias de passeio de lancha pelas praias de Búzios —, surgiu um Glaidson apreensivo, com muitos quilos a menos.

Mesmo tendo ao lado a advogada Letícia Farah Lopes, ele pediu que o advogado David Augusto Cardoso o acompanhasse remotamente. David, que estava presente na CPI, munido de procuração, foi chamado a se sentar à mesa central, ao lado do relator, Ricardo Silva. Logo de início, orientou o cliente no sentido de que se mantivesse em silêncio por não ter sido informado com antecedência do que se trataria aquela sessão, já que ele estava sendo convocado como acusado. Quando o presidente da CPI, Áureo Ribeiro, ia encerrar a sessão, Glaidson pediu a palavra e perguntou se poderia ter uma conversa de dez minutos com David por telefone. O pedido foi atendido e a sessão foi suspensa aos 24 minutos.

Com o reinício da sessão, o relator começou com uma pergunta sobre a origem de Glaidson, e pediu que ele contasse um pouco. "Minha origem é humilde, minha origem é simples. Nasci em berço de madeira sem verniz", disse ele.

Com o desenrolar do depoimento, Glaidson foi se soltando, e chegou a rir quando algumas perguntas foram formuladas e a agradecer por ter a chance de respondê-las. Em discurso repetitivo, ele se recusou a revelar detalhes do negócio, sobre a carteira de clientes, os aportes financeiros e o patrimônio da empresa. "Não posso falar aqui a receita do bolo, senhor presidente. Os meus traders estão sem operar porque tudo foi bloqueado." Ele insistiu em dizer que a dificuldade na vida dos clientes havia se instalado, porque todos os valores foram "sequestrados" pela PF e ele tinha condições de pagar a todos.

"O delegado foi até o presídio Bangu 8, no dia 14 de março de 2022, no Rio, no Complexo Gericinó, me pedir a senha desses criptoativos, que estão no domínio da PF, mas eles não têm acesso, porque a senha é criptografada. Há um paradoxo, porque tem recurso livre e desimpedido, mas a PF não tem a senha. Eu tenho a senha", disse Glaidson.

"E o senhor não passa…?", perguntou o relator.

"Não passo porque eu vou voltar com a minha empresa", arrematou.

Em certo momento, o clima da sessão foi de embate.

"O senhor é o típico criminoso, sempre muito articulado. O senhor é frio, é manipulador. O senhor é a figura típica do estelionatário financeiro. É o Bernard Madoff tupiniquim", disse o deputado Zé Haroldo Cathedral. "Mente ao dizer que não é uma pirâmide. É, sim. Mentiu ao prometer, mesmo com as variações, 10% ao mês. Essa garantia que o senhor dá já é um indício de um esquema de pirâmide financeira", completou o deputado, e destacou que, com os ganhos prometidos pela empresa, um investimento inicial baixo, de 100 mil reais, alcançaria o Produto Interno Bruto do Brasil em três anos.

O momento de tensão não abalou Glaidson ao dar as respostas e só extraiu dele um pedido de respeito. A fala do inquirido continuou calma e evasiva, e ele aproveitou para responsabilizar as autoridades por tudo e apresentar a GAS como uma empresa idônea e capaz de retomar as atividades.

"Nosso professor sempre foi os nossos próprios erros. Erros em operações, acertos. Com os próprios erros, eu consegui alcançar o que eu alcancei", disse ao ser questionado sobre como adquiriu conhecimento no mundo cripto.

Na ocasião, o ex-CEO da GAS ressaltou que só iria pagar aos clientes se fosse solto e retomasse as atividades na empresa. Chamado de estelionatário e questionado, em tom duro, pelos parlamentares, se dispunha de certificação para trabalhar com investimentos, respondeu:

"O senhor está equivocado, senhor deputado. Não sou criminoso, senhor deputado. O senhor me respeite. Porque não estou ofendendo a sua pessoa. [...] Estou há mais de dez anos no mercado. Não havia certificação para tal. Como o senhor quer que eu me antecipe ao Estado? Só me responda isso."

A CPI, explicou Áureo Ribeiro em sessão, buscou aprofundar as investigações sobre os casos mais rumorosos e propor medidas que protegessem a sociedade dos golpistas, com propostas ao próprio Parlamento e às autoridades responsáveis por regularizar o mercado e garantir-lhe mais transparência.

As corretoras de criptomoedas, como a Binance, com a qual a GAS operava, foram chamadas a depor e indagadas sobre seus filtros internos e o sistema de compliance que mantinham para evitar o uso dos recursos delas por golpistas. Outra linha de apuração foi entender como os ativos ficam custodiados por essas empresas.

A CPI, antes do recesso legislativo de julho, convocou para depor delegados da Polícia Federal, membros do Ministério Público Federal, dos Ministérios Públicos estaduais e da Procuradoria de Fazenda Nacional, funcionários da CVM e outros especialistas. A iniciativa da Câmara dos Deputados se somava aos esforços das autoridades, dos gestores da massa falida e de alguns clientes, para rastrear os bens drenados pela pirâmide de Glaidson e Mirelis pelo mundo afora e assegurar alguma restituição aos prejudicados. A esperança é que alguém aparecesse com uma pista.

Na época em que dera o depoimento, Glaidson estava prestes a completar dois anos de prisão e as autoridades não haviam localizado um único real investido pelos lesados, além do que foi apreendido na Operação Kryptos. Mesmo quando teve a oportunidade de devolver uma parcela do que foi sugado dos clientes, o Faraó se negou. Ele não quis fornecer à PF a senha de uma Dash Core, carteira de criptomoedas denominadas *"dash"*,[47] guardada dentro de um notebook apreendido na Kryptos, em agosto de 2021. Os investigadores estimavam, em 2023, que as moedas dash de Glaidson valiam 400 milhões de reais.

"É a minha aposentadoria, doutor", alegou para uma autoridade federal que tentou negociar o fornecimento da chave de acesso à carteira.

---

47. *Dash* é um dos 10 mil tipos de criptomoedas em circulação. Inicialmente, foi lançada para dificultar a rastreabilidade em negócios obscuros, razão pela qual era mais frequente no ambiente da *dark web*. Entretanto, ganhou mais transparência e confiabilidade após sofrer uma recente reformulação. Parada, como ocorre com a carteira de Glaidson, rende 6% ao ano.

Financiamento de carros engordou pirâmide

A população de Cabo Frio, em 2022, somava 221.987 habitantes.[48] Era difícil encontrar, nesse conjunto, alguém que não tivesse mantido algum tipo de relação, direta ou indireta, com a GAS entre 2019 e 2021, no auge do Novo Egito. Um empresário local,[49] que acumulava vinte anos de experiência na compra e venda de carros, disse que os clientes, ávidos por investir nos bitcoins de Glaidson, passaram a utilizar a alienação fiduciária como forma de captar recursos. Com a ajuda de agentes financeiros, como o dono da concessionária, eles alienavam os próprios carros, pegavam o dinheiro e investiam na GAS. Com os juros mensais de 10% dos bitcoins, pagavam as prestações mensais à instituição credora.

Em tese, todo mundo ganhava. O cliente, que transformava o empréstimo em investimento, o agente financeiro, que recebia uma comissão por mediar a transação, e especialmente a GAS, que engordava cada vez mais os cofres dela.

O próprio dono da loja de carros fez parte do esquema. Ele não apenas ganhava com as alienações, como também investia a quase totalidade dos lucros na GAS. No começo, ele aplicou 10 mil reais, o valor mínimo aceito por Glaidson. Depois, à medida que "pingavam" os créditos mensais de 1 mil, foi investindo mais e mais dinheiro. Em pouco tempo, resolveu se presentear com um Mercedes-Benz de

---

48. Segundo o Censo de 2022/IBGE.
49. Por segurança, a fonte pediu anonimato.

350 mil reais. O filho de 18 anos, também investidor, comprou outro Mercedes.

"Quando fiz o meu terceiro aporte, de 50 mil reais, passei a ter olhos só pra isso. Tive mais de vinte contratos com a GAS. Ganhei muito dinheiro com as alienações fiduciárias e as vendas de carros. Vendi Porsche, X6, X4, Jaguar e Land Rover zero-quilômetro. Em muitos casos, topei até financiamentos para os meus clientes acima do valor do veículo. O sujeito investia o valor oficial na GAS e ainda ficava com o troco. Minha loja fazia quatro ou cinco financiamentos por semana."

E então veio o tsunami, em agosto de 2021, e com ele uma tragédia econômica e social, mensurável apenas por quem andava pelas ruas da cidade. O empresário de carros, por exemplo, virou ex-dono da loja. Teve de abaixar as portas de aço, definitivamente, em 2022, depois que cruzou o mês de janeiro daquele ano, tradicionalmente aquecido em termos de vendas, sem comercializar um único carro. Vendeu o Mercedes, o que o filho fez também, e ficou com um crédito de 1,2 milhão de reais com a GAS. Prometeu a si mesmo, depois de se arrepender por participar de atos pela volta da GAS, que nunca mais falaria sobre o assunto. Abriu uma exceção para conversar com um dos autores do livro. Aos poucos, o empresário reconstruía a vida. Em 2023, reabriu a loja, menor e mais modesta, e reduziu as despesas.

Érica da Silva Pereira, a lojista citada no início do livro, também saiu mais pobre da quebra da GAS. Dois anos depois, o marido e ela tentavam negociar uma dívida de 150 mil reais com os bancos. A família havia limpado as reservas para investir na GAS. Viraram pó os recursos arrecadados com as verbas rescisórias de duas demissões, a venda de uma moto e de um terreno e dois empréstimos bancários, no total, à época, de 87 mil reais. Um dos empréstimos foi feito com o cartão de crédito da mãe. Por isso, ficaram um período sem se falar. O pai teve um AVC e ela não pôde ajudá-lo. Depois de perder tudo, desempregada, Érica teve de vender a moto para custear as despesas. Com o forte estresse, perdeu 25 quilos.

"A Região dos Lagos parou. Uma mulher se jogou do viaduto, sobreviveu, mas levou vinte pontos na cabeça. Casais se separaram. Conheço muita gente sofrendo, mais da metade da minha rua", contou a comerciária.

Depois do baque, Érica, para ganhar 1.500 reais mensais, trabalhava das sete às dezoito horas no setor de imagens de uma clínica privada em São Pedro da Aldeia. O marido fazia bicos de pedreiro. A ex-lojista desistiu de vez de tratar na rede privada de um nódulo benigno na tireoide, que monitora com punções periódicas. No pior momento, vendeu os objetos de valor da casa, como a própria TV, para garantir alguma renda.

"A vida vai se ajustando aos poucos. Já dá para respirar. O único problema que não tem solução é a dívida bancária e o nome do meu marido no SPC. Mesmo que o banco nos ofereça um desconto de 90%, não temos como pagar", admitiu.

Um dos lemas do movimento pró-Glaidson nas redes, para manter a mobilização pela volta da GAS nos meses que sucederam ao da prisão dele, era "Ninguém larga a mão de ninguém". Na esperança de receber o dinheiro de volta, Érica segurou nas mãos de outros lesados. Quando viu que a corrente de solidariedade não resolveria os boletos que se avolumavam, passou a lutar sozinha pela sobrevivência. Muitos fariam o mesmo.

Para a mãe de Glaidson, Sônia Acácio, o filho havia seguido um destino diferente de outros jovens do Jardim Esperança, homens pretos e pobres, muitos deles vítimas da violência nas periferias do país. A criminalidade e as drogas cresceram dentro e fora de casa, abalando as trajetórias dos outros irmãos homens, mas Glaidson demonstrava ter vencido a tentação do caminho torto.

Ela acompanhou os avanços do filho nos negócios e a ascensão a uma vida jamais esperada. Na cena, eles eram os ricos que se sentavam à mesa, davam festas em cenários paradisíacos como Angra dos Reis ou na mansão no condomínio Moringa, em Cabo Frio. A mesma pessoa que, como flanelinha e depois garçom, batalhava por uma gorjeta, passou a ser o CEO que vivia rodeado de malas de dinheiro.

Glaidson era respeitado. As pessoas não só paravam para ouvi-lo e aprender sobre bitcoins, como também confiavam nele suas vidas, seus patrimônios. O gosto de ser alguém, ser importante, de finalmente ter o valor reconhecido, era o real alimento para a alma de menino com fome e raiva de ser humilhado. Com o avanço dos negócios da GAS, o nome, a identidade e o reconhecimento que encontrou na comunidade religiosa ganhavam lugar entre os vencedores no topo da pirâmide social. Ele estava tão deslumbrado e envolvido com o sonho e em plantá-lo em toda sorte de gente, que se julgava intocável. Ao seu lado, porém, o sentimento era outro. Ele tinha uma parceira calejada.

13. "Quer saber como me sinto, calce meus sapatos"

Um piramideiro experiente, dizem os conhecedores do meio, não apenas elabora golpes com obstinação, como também tem sempre a postos um plano de fuga para deixar a cena. Sabe usá-lo na hora certa, quando clientes lesados e autoridades estão prestes a descobrir a jogada. Não foi o caso do Faraó dos Bitcoins. Mesmo carregando um nome imponente, dado pela imprensa brasileira, foi a mulher, Mirelis, quieta ao lado dele nos eventos, quem executou uma manobra digna de um golpista experiente. Ela, que escapou a tempo depois de ser pega no mesmo tipo de esquema na Venezuela, foi mais rápida do que a Operação

Kryptos. Partiu em um avião para os Estados Unidos sem olhar para trás, rica, com o resgate gradual das carteiras virtuais de bitcoins, e deixou o parceiro no Brasil. No entanto, dois anos e cinco meses após o estouro do golpe, e da consequente prisão de Glaidson, Mirelis foi presa em Chicago (EUA), no dia 24 de janeiro de 2024.

De acordo com a Polícia Federal, ela estava nos Estados Unidos de forma ilegal e, além disso, havia um mandado de prisão contra ela, aberto pela 3ª Vara Federal Criminal do Rio de Janeiro, por crimes contra o Sistema Financeiro Nacional, lavagem de dinheiro e integração de organização criminosa. A ação foi uma colaboração entre a PF, o U. S. Immigrations and Customs Enforcement (ICE) e o Serviço Secreto norte-americano.[50]

Até chegar a esse ponto, contudo, as autoridades brasileiras percorreram um longo caminho de dificuldades. Inicialmente, o paradeiro da venezuelana era um mistério. À medida que ela sentiu o terreno seguro, foi se colocando em evidência. Nas primeiras lives nas redes, culpava as autoridades pela interrupção dos pagamentos. Com o tempo, passou a dizer que era inocente e nada sabia dos negócios do marido, apesar de a assinatura dela constar nas notas promissórias passadas aos clientes, única garantia oferecida pela GAS ao investidor. Na cadeia, Glaidson sustentou a versão, e assinou um documento em que dizia ter chantageado a mulher, de ter ameaçado pedir o divórcio, com risco de ela ser deportada para a Venezuela, se Mirelis não assinasse as notas.

---

50. Disponível em: https://g1.globo.com/rj/rio-de-janeiro/noticia/2024/01/25/mulher-de-farao-dos-bitcoins-e-presa-em-chicago.ghtml . Acesso em: 2 fev. 2024.

Longe do radar das autoridades brasileiras, faltava apenas o retorno ao mundo cripto, que não demorou a acontecer. Em janeiro de 2023, clientes lesados ocuparam as redes sociais em campanha contra uma artista virtual, que se identificava como Mirelis Diaz e estava vendendo 110 criptoativos na plataforma OpenSea. Para eles, por trás de um avatar representando a artista, estava a própria Mirelis, embora o advogado dela tivesse negado isso em um primeiro momento. Diaz lançou em leilão, na ocasião, 110 NFT (sigla para "Non-Fungible Token", que, em tradução livre para o português, significa tokens não fungíveis, que são obras de arte originais, em formato digital, com a utilização da tecnologia blockchain). A artista oferecia cinco coleções de NFTs,[51] com lances mínimos no valor total de 384 mil reais.[52]

Mesmo com a polícia, o Ministério Público Federal e a Justiça brasileira no encalço, Mirelis não se intimidou. Passou a oferecer também cursos on-line, estratégia que já usava nos tempos de Venezuela para fisgar clientes, e lançou-se na carreira da música eletrônica, criada em computador com inteligência artificial. Diante do caos instalado na vida de clientes, sócios, consultores e do marido, preso desde a Operação Kryptos, ela parecia não se abalar e investia em uma vida nova. A alegria e a realização desse sonho, estampadas no rosto dela na rede social, indicavam alguém que não temia aparecer. Para as autoridades brasileiras, eram sinais de

---

51. Mystical an Surreal Eyes, Famme Faces, Fantasy Fox, Fantasy Lion e Strange Little Friends.
52. Valor já convertido da moeda virtual ethereum para o real.

audácia, ousadia, de uma pessoa perigosa, que poderia atacar novamente, deixando mais vítimas de outros golpes.

Com os inimigos, que insistiam em associá-la ao golpe, Mirelis jogava duro. Processou por danos morais a advogada Larissa Gatto, que fazia barulho nas redes sociais em nome de clientes lesados. Apesar disso, ninguém parecia perturbá-la tanto quanto o também advogado Jeferson Brandão, o mais popular denunciador do esquema da GAS, que a venezuelana ameaçou enquadrar como terrorista junto às autoridades americanas. No Brasil, os advogados de Mirelis representaram Jeferson junto à Comissão de Ética da OAB por suposta captação ilegal de clientes — Jeferson, segundo eles, estaria usando as redes socais, a pretexto de atacar o casal, para aumentar a clientela. Os advogados dela também entraram com processos por danos morais contra o advogado, quando pediram a retirada dos vídeos em que ele falava de Mirelis nas redes.

Em um dos processos, esses mesmos advogados se referiram ao conteúdo como ofensivo a Mirelis e ao "ex-companheiro". A referência a Glaidson como ex fez com que nós os questionássemos — eles responderam que se tratava de um engano. Mirelis, nesse momento, deixou as preocupações com a carreira artística e se adiantou em publicar no Instagram um post de declaração de amor a Glaidson, com uma foto no que parece ser o casamento dos dois, ambos muito mais jovens. O texto rendeu comentários como este: "Sabendo a mulher de poucas palavras e demonstração rara das emoções que és, sei o tamanho e a força desse amor. Para poucos, é verdade!" No post, ela falou do companheirismo que só os dois saberiam ter um com o outro: "Você sabe quem eu sou e eu sei quem você é." No entanto, não se sabe se o amor resistiu realmente ao golpe.

Certo é que a figura da mulher tímida por trás do marido bonachão e falante ficou no passado. Ela foi obscurecida pela imagem de Mirelis em um grande outdoor eletrônico na Times Square, em Nova York, seu canal de música em uma plataforma digital. Em um story no Instagram, Mirelis comemorou o momento filmando a si mesma, girando o celular pelo famoso cartão-postal e mostrando, ao fundo, o outdoor com o anúncio em que ela aparece. No vídeo, de óculos escuros e cabelos curtos acima dos ombros, a venezuelana sorri, de batom vermelho, e aponta para o outdoor, que traz a imagem, o nome dela escrito e a logo de uma plataforma de música. Enquanto isso, no Brasil, os investigadores corriam atrás de qualquer pista que pudesse apontar o paradeiro da golpista. Uma fonte de dentro da investigação revelou ter grandes dificuldades de acesso a qualquer informação sobre ela. Todas as investidas teriam sido esvaziadas pelas autoridades americanas.

A imagem de Mirelis no vídeo mostrou um ar de conquista, de um sonho alcançado após muito planejamento. Seria uma nova Mirelis ou a verdadeira mulher que, aproveitando a figura do marido, com a necessidade que ele tinha de aparecer e se sentir importante, teceu calmamente a teia intrincada de ações que a levariam ao sonho da carreira musical e a sabe-se lá quantos projetos? Em um cenário pintado pelo sonho de ser milionário, inflado pela ambição de ganhar muito sem precisar se desgastar com trabalho, pela magia do dinheiro brotando na conta todo mês, o que ficou foi um rastro de destruição e dor por todos os lados. Menos para Mirelis.

A venezuelana fez a trajetória oposta, de ascensão na vida. A fortuna conquistada à custa do sofrimento de famílias, hoje dilaceradas pelas dívidas, abriu as portas para que, além da carreira musical, ela chegasse a ter um avião, um Rolls-Royce e se colocasse como criadora de conteúdo nas redes sociais. Em sua página do Instagram, Mirelis habilitou a modalidade de grupos VIPs, comunidades que pagam um valor mensal para ter acesso aos conteúdos fechados — lives, sessões de perguntas e respostas sobre investimentos em bitcoins, educação financeira e criação musical a partir da IA, até vídeos em que ensina receitas de culinária vegana. Lançou também o que chamou de uma releitura de grandes obras de arte. Foram lives e sessões em que, no canal do YouTube, explorou peças como "A noite estrelada", de Van Gogh, e "Mona Lisa", de Leonardo da Vinci, na batida de suas composições e artes criadas em IA a partir das obras.

Nesse movimento de expansão, Mirelis se sentiu segura o suficiente também para, em vídeo, responder ao que chamou de ataques terroristas contra ela, fazendo dancinha em um momento de aparente casualidade, vestida de jeans e t-shirt branca. Rindo e pulando, parecia dizer: "Vejam como eu respondo aos terroristas que tentam me assombrar."

Em outro post na rede, Mirelis escreveu sobre os últimos acontecimentos que vivera:

"Durante muito tempo, minha vida se manteve no anonimato. Mas o destino me levou a um mundo que nunca pedi ou desejei: um mundo avassalador de mídias sociais e notícias sem fim. Nesse território desconhecido, encontrei desafios inesperados. Porém, aprendi a transformar adversidades em oportunidades. Então, quando a vida me deu um limão, resolvi fazer com ele uma limonada refrescante. Embora alguns me critiquem e me enviem negatividade, não sabem que sempre encontro força interior para seguir em frente e florescer."

Na rede aberta, além de textos, ela enviava mensagens a partir de avatares, inspirados na própria aparência, que filosofavam e dançavam ao som de suas composições instrumentais eletrônicas. Imagens que revelavam alguma sensualidade, comportamento que Mirelis nunca demonstrou ao lado de Glaidson e dos companheiros da GAS em eventos sociais. Muito pelo contrário, ela subia ao palco com o Faraó — na época um homem corpulento e espalhafatoso — durante shows em que ele entretinha o público e, abraçada a ele, sorria com um ar de constrangimento. Parecia querer se esconder naquele abraço. Contudo, depois do golpe, a venezuelana mostrou que não precisava mais ficar atrás de homem algum.

Autoridades brasileiras fizeram reiteradas tentativas, junto ao governo e à Justiça americana, para trazer Mirelis de volta ao Brasil. As respostas, porém, sempre foram evasivas. "Quanto mais fornecíamos dados, mais perguntas eles faziam e nada acontecia", lamentou um dos brasileiros envolvidos no caso. À medida que a hipótese de extradição ficava distante, surgiram alternativas. Cogitou-se pedir à Venezuela, origem do visto da mulher de Glaidson, a suspensão do passaporte dela, o que abriria caminho para uma deportação. Outro problema desencorajou a manobra: se a venezuelana fosse expulsa, teria de seguir direto para o país natal. Como ela alegava ser vítima de perseguição política, seria quase impossível obter um sinal verde dos Estados Unidos.

Outra possibilidade seria convencer o governo americano a checar a documentação de imigração de Mirelis. Caso fosse encontrada alguma irregularidade, a prisão seria imediata e a venezuelana ficaria a um passo da deportação. Ao mesmo tempo, os americanos estariam desobrigados de avaliar o mérito do processo criminal.

Enquanto isso, Mirelis esbanjava empáfia. Deixou um recado nos stories a todos que pudessem se interessar por ela: "Quer saber como me sinto, calce meus sapatos." Na foto, um par de chinelos da grife de luxo italiana Gucci.

As ironias chegaram ao fim no dia 24 de janeiro de 2024. Astúcia, orgulho e audácia cederam ao destino previsto pela lei para os golpistas. Seis dias após a prisão, o perfil dela no Instagram não estava mais no ar. A defesa de Mirelis tentou minimizar o fato. Em nota, alegou que ela havia sido presa devido "a uma irregularidade formal" no visto, em vias de ser esclarecida. Os desdobramentos, porém, eram imprevisíveis. A única certeza é que o encarceramento foi um grande choque para aquela que se dizia uma revelação no mundo da Inteligência Artificial e da música e cultivava um ar de intocável. Dessa vez, Mirelis teve de calçar as sandálias da humildade, em um xeque-mate no tabuleiro do jogo da contravenção.

Nota final

Apesar de reiterados pedidos dos autores, Glaidson Acácio dos Santos abriu mão de se pronunciar no livro. As tentativas de entrevistá-lo começaram no segundo semestre de 2021, quando Chico Otavio, cobrindo o caso como repórter de *O Globo*, solicitou uma posição de Glaidson frente às acusações imputadas pela Operação Kryptos. No primeiro semestre de 2023, os autores encaminharam, via advogados, uma segunda lista de perguntas. Novamente, não houve resposta.

Na última investida, em novembro de 2023, os advogados do Faraó, como portadores do pedido, garantiram que fizeram as perguntas chegarem a ele por e-mail, como determinam as regras do presídio. Os autores nunca receberam uma negativa e, tampouco, as respostas.

Os advogados de Mirelis Yoseline Diaz Zerpa, esposa de Glaidson, também foram procurados. Ficaram de avaliar, mas não deram retorno aos autores.

Embora Glaidson tenha optado por não conceder entrevista, os principais pontos dos depoimentos que dera na CPI das Pirâmides Financeiras e no curso dos processos judiciais estão registrados no livro.

1ª edição	MAIO DE 2024
impressão	BARTIRA
papel de miolo	PÓLEN NATURAL 80G/M²
papel de capa	CARTÃO SUPREMO ALTA ALVURA 250G/M²
tipografia	DANTE